온 더 로드

온 더 로드

사람과 지역을 잇는 이중거점 사고

글쓴이 사시데 가즈마사(指出一正)

옮긴이 박우현

이숲

일러두기
- 이 책에 달린 주석은 모두 옮긴이의 것이다.
- 일본어 표기는 한글맞춤법 외래어 표기법을 따랐다.

12호차 8번 C석. 아이폰 열차 예매 앱을 실행 후 도카이도(東海道) 신칸센 '노조미'를 예약한다. 지정석으로 돼 있는 12호차의 대략 중간쯤, 그러니까 여덟 번째 열 3인 좌석 통로 쪽 C석이 내가 좋아하는 자리다. 시나가와(品川)나 신요코하마(新横浜)에서 탑승해 신오사카(新大阪) 또는 신고베(新神戸)역에 내린다. 그 반대로 가는 날도 있다.

"기요켄 시우마이[1] 사갈까?"

"리쿠로 오지상 치즈케이크[2]는 어때?"

이동 중 아내와 아들에게 메시지를 보낸다.

현재 제가 반복하는 일상입니다. 2022년 4월, 도쿄에 살던 우리 가족은 아들의 진학을 계기로 효고(兵庫)현 고베로 이주했습니다. 아내와 아들(그리고 유기견 프렌치 불독 '사쿠')은 간사이(関西)에 살고, 저는 도쿄와 고베를 오가는 이중거점 생활이 시작된 것이죠. 이사 직후에는 막연함도 있었고, 취재나 업무 일정 조율에 머리를 쓰느라 사소한 건망증까지 늘고 말았습니다. (웃음) 그런 나의 마음을 스미요시가와(住吉川)를 헤엄치는 은어들이 달래주

1) 요코하마의 명물인 딤섬의 종류.
2) 오사카에서만 구할 수 있다.

었습니다. 그 무렵에는 신오사카에서 고베선을 잇는 쾌속이나 신쾌속 열차로 갈아타는 일이나 열차 안에 서 있는 자세도 어정쩡했던 것 같습니다. 아마도 간사이 초보자로서 주변에 폐를 끼치지 않으려 긴장한 탓이겠지요.

사회나 환경을 주제로 다루는 미디어, 「소토코토」[3] 편집장인 저에게 이중거점 생활은 중요하면서도 화제가 될 만한 이야깃거리입니다. 일본 각지에 복수의 거점을 가진 사람을 만나면서 그들의 충만한 표정을 봐왔습니다만, 이중거점 생활로 2년 반을 지낸 지금, 제가 그 재미에 빠져 있습니다. 이중거점 생활은 제 시야를 넓혀줬고 그 경험으로 '이중거점 사고(思考)'라는 새로운 언어와 생각에 이르게 됐습니다. 실제로 '살아가는' 생활 거점을 갖고 있지 않더라도 좋아하는 지역 두 곳을 거점으로 인식해 다각적으로 지역과 사회를 바라봄으로써 관계인구의 저변은 넓어지고 있습니다. 이중거점 사고에는 이러한 생각이 담겨 있습니다.

2016년 12월 8일 발간한 『우리는 지방에서 행복을 찾는다』[4]는 지역재생과 로컬의 삶에 관심을 지닌 정말 많은 분이 읽어주셨습니다(진심으로 감사드립니다). 한 권의 책이 관계인구 관련한

---

3) 『소토코토(ソトコト)』는 '즐거운 사회와 환경 만들기'를 내세우며 로컬 및 SDGs 등을 다루는 잡지이다.

4) 『우리는 지방에서 행복을 찾는다-소토코토가 말하는 로컬재생론(ぼくらは地方で幸せを見つける-ソトコト流ローカル再生論)』(2016. 포플러신서)

논의나 정책이 펼쳐지는 기회로 작용해, 저자로서 상상할 수 없을 정도로 일본 사회 전반에 걸쳐 움직임이 일었습니다. 지금도 새로운 지역 활성화로 이어지고 있어 감회가 새롭습니다. 제가 아직 보지 못한 세계를 만나게 해준 은인 같은 책입니다.

　그 후 8년 만에 『온 더 로드』라는 책을 내게 됐습니다. 『온 더 로드』는 일본어로 '노상(路上)'이라는 의미로 제게 삶의 방식이나 사상적 영향을 준 『노상』[5]이라는 소설에서 따온 제목입니다. 비트 세대[6], 하면 떠오르는 작가 잭 케루악의 대표작이지요. 또한 도카이도 신칸센을 비롯해 도호쿠(東北) 고속도로, 6번 국도, 350번 국도는 물론 아카시(明石) 해협대교와 산인(山陰) 본선 나아가 사루후쓰무라[7] 에사누카 도로에 이르기까지 일본 전역을 다니며 한순간 사색에 빠졌던 장소나 루트 모두 노상이라는 생각에 제목으로 결정했습니다. 환상적이었던 비트닉[8]의 여정에 비할 바는 못 되지만, 로컬의 길 위에서 엮은 언어의 집합체라 할 수 있습니다. 지역을 걷고, 사람을 만나고, 산과 강 그리고 생명

---

5) 잭 케루악(Jack Kerouac, 1922년~1969년)이 1957년에 발표한 *ON THE ROAD*는 일본에서는 『路上』, 한국에서는 『길 위에서』라는 제목으로 많이 알려져 있다.

6) 비트 세대 또는 비트 제너레이션(Beat Generation)은 1950년대 미국에서 일어난 문학계의 사상적 조류 및 사회 운동을 이끌었던 세대를 말한다.

7) 猿払村. 오츠크해에 면한 홋카이도 최북단 지역 이름.

8) 앞서 언급한 비트 세대는 혁명가 기질의 힙스터(Hipsters)와 방랑가 기질의 비트닉(Beatniks)으로 구분하기도 한다.

의 아름다움을 접하면서 매료되고, 사람의 숨결이 느껴지는 마을 풍경에 넋을 잃었던 기억의 선물이라고도 할 수 있겠습니다.

이 책의 주목할 만한 내용이나 특징을 소개하자면, 먼저 지난 2022년부터 2024년까지 약 3년 동안 「소토코토」 편집장으로서 주목했거나 관여했던 일본 지역 이야기를 읽기 쉽게 말하듯이 서술한 점을 들 수 있습니다. 지역 현황이나 지역이 대처해온 일을 알기 쉽게 해설한 것이지요. 틈새를 들여다보는 미시적 관점도 담고 있어 지역 활성화나 로컬 프로젝트를 어떻게 시작해 진행해 왔는지 알고 싶은 사람뿐 아니라 배경이나 지역의 미묘한 사정에도 흥미가 있는 사람 모두 폭넓게 즐길 수 있으리라 생각합니다.

다음으로 현재 지역과 사회에서 느껴지는 공기감, 다시 말해 '사회 분위기'를 두 가지 단어로 설명하고 있습니다. 앞으로도 지속하고자 하는 이른바 '온고잉' 사회 분위기를 하나는 '이중거점 사고', 다른 하나는 '리제너러티브'로 표현하고자 했습니다. 이중거점 사고는 제가 이중거점 생활로 체감한 가치나 창의적 발상을 말하는데, 이처럼 삶의 방식이 확장되고 있는 현상을 설명하고 있습니다.

리제너러티브는 영어로 '재생하다'는 의미입니다. '지속가능성'이라는 가치관이 환경 정책뿐 아니라 마을이나 사회, 복지 분야까지 포섭하며 퍼져갔듯이 리제너러티브 또한 토양 재생에 머무르지 않고 사회와 미래를 풍요롭게 재생해 나아가자는 움직임으로 번지고 있습니다. 이러한 리제너러티브 사고와 감각을 알기 쉽게 풀어내고자 했습니다.

그리고 전작에서 이어지는 '관계인구의 현재' 관련해서는 각 지역 강좌에서 실행해 축적한 필드워크 사례를 바탕으로 논하고 있습니다. 논한다고 하면 논문처럼 여겨질 수 있으니 '이야기하고 있다'라고 하는 편이 더 알맞은 표현일지도 모르겠습니다. 관계인구가 어떻게 깊이를 만들고, 분화를 보였는지 또 관계인구로서 지역과 관계 맺는 사람과 지역에서 관계인구를 맞이하는 사람의 생각들도 풍성하게 담아 이야기하듯이 썼습니다. 현재 관계인구가 서 있는 지점과 앞으로 가야 할 곳이 어디인지 알고 싶은 분께 추천합니다.

덧붙이자면, 신선한 로컬 이야기를 전하고 있음에도 순전히 개인적 취향으로 책 속 곳곳에 1980년대나 1990년대 문화가 남겨진 골목이나 중산간 지역 풍경을 넣어놓았습니다. 취미로 즐기는 낚시 일화도 살짝 덧붙였습니다. 과거나 현재, 무엇이든 '혼합'해야 깊은 이해로 나아갈 수 있다는 생각이 편집의 신조인 만큼 부디 너그럽게 봐주시면 감사하겠습니다.

자, 그럼 여행 준비를 하시고 페이지 속 '길 위에서' 만납시다. 빛과 향기가 넘치는 풍경을 편하게 즐겨주시길!

목차

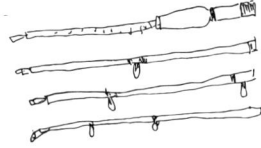

산인본선, 미호미스미역. 이 맑고 투명한 밤의 아름다움이여. 2024년 11월 25일.

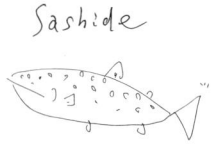

Sashide

서장

흔들리며 확산하는 관계인구

관계인구의 출발점, 2004년 주에쓰 지진

지역 활성화에 관심을 지닌 청년층 사이에서 '관계인구'라는 말이 종종 입에 오르고 있습니다. 또한 일본 시정촌(市·町·村)[9] (북방영토 6개 촌을 포함하면 1,724곳) 1,718곳 중에서 1,000곳 이상이 관련 정책을 펼칠 정도로 관계인구라는 말이 널리 퍼져나가고 있습니다. 2022년 12월을 지나는 지금도 관계인구 이야기를 꺼내고 있습니다만 6년 전인 2016년 12월 8일, 제가 집필한 『우리는 지방에서 행복을 찾는다(僕らは地方で幸せを見つける)』가 책으로 나왔을 때를 떠올리며 말하고 있습니다.

12월 8일은 존 레논[10]이 죽은 날이자 태평양전쟁이 발발한 날입니다. 이처럼 슬픈 사건이 일어난 날에 책이 나왔습니다. 하지만 저는 이날이 마음에 듭니다. 이 밤만 지나면 낮이 점점 길어진다는 희망을 품고, 기나긴 어둠의 시간을 견디는 동짓날 같은 감각이 느껴지기 때문입니다. 돌이켜 보면 확실히 그 책에서 관계인구를 다룬 게 촉발이 돼 지금처럼 관계인구에 관한 논의가 확산하고 있다는 생각이 듭니다. 또한 메이지대학 농학부 오다기리 도쿠미(小田切德美) 교수를 비롯해 내각관방 '마을·사람·

---

9) 일본의 행정구역 체계로 기초지방자치체인 시(市)·초(町)·손(村)을 통칭하는 말.
10) 영국 출신의 전설적 밴드 비틀즈 멤버. 1980년 12월 8일, 뉴욕에서 암살범의 총에 맞아 사망했다.

일 창생본부' 관계자 등이 관심을 기울인 덕분에 관계인구라는 말이 사람들 머릿속에 더욱 각인되는 계기가 마련됐습니다. 이처럼 2016년은 문제 제기라고 할 수 있을지 모르겠지만, 관계인구라는 화두를 세상에 던진 한 해였다고 자부합니다.

하지만 관계인구의 시작이 2016년이라는 이야기는 아닙니다. 그보다 오래전부터 관계인구 같은 공기가 느껴진다고 할지, 그런 분위기가 내 주변을 감돌고 있었습니다. 흔히 관계인구의 시작은 2011년 동일본대지진 무렵이라고 말하지만, 저는 이보다 훨씬 빠른 2004년, 니가타현에서 일어난 주에쓰(中越) 지진이라고 생각합니다. 당시는 세계를 무대로 활약하고 싶어 하는 꿈 많은 젊은이가 저마다 대학에서 '국제'가 들어가는 학부로 몰리면서 '글로벌'한 배움을 추구하던 시대의 한복판이었습니다. 그러고 보니 조치(上智)대 국제관계법학과의 이노구치 구미코(猪口邦子), 오가타 사다코(緒方貞子) 선생님에게서 두근거리며 세계에서 일어나던 일을 배웠던 학창 시절이 떠오르네요.

한편으로 2004년은 제가 「소토코토」 편집부로 이직한 해이기도 합니다. 들어가자마자 바로 큰일을 맡았는데, 대만 특집을 꾸리는 일이었습니다. 대만은 제게 소중한 곳입니다. 일본 통치 시절 니타카야마(新高山)라고 부르던, 후지산보다 높은 위산(玉山)이 있기 때문이죠. 등산을 좋아하는 터라 예전부터 위산에 오르기를 바라왔습니다. 그런데 마침 「소토코토」에서 자매지

격으로 아시아 라이프스타일을 다루는 잡지를 내기로 했고, 대만 취재까지 가게 돼 이루 말할 수 없이 기뻤습니다.

입산 규제로 하루에 90명 정도밖에 오를 수 없는 위산이기에 등반 신청서를 내고 겨우 티켓을 구할 수 있었습니다. 그런 귀한 티켓을 손에 넣고 의기양양하게 대만으로 건너가 산에 오른 날이 10월 23일. 일본에서 주에쓰 지진이 일어난 날입니다. 산길을 오르는 저에게 대만 사람들이 일본어로 "일본, 괜찮은가요?" "일본이 걱정이네요." 하면서 말을 건네준 일이 지금도 생생합니다. 일본에서 일어난 참사를 염려해주는 대만 사람이 이렇게 많다는 사실에 마음이 든든했습니다.

무대를 위산에서 니가타현 나가오카(長岡)시 야마코시무라(山古志村, 현재는 야마코시)로 옮겨보겠습니다. 23일 저녁, 주에쓰 지방을 진원으로 매그니튜드 6.8의 대지진이 발생해 막대한 피해가 있었습니다. 지진 발생 후 바로 일본 정부와 NPO는 물론 일본에 지부를 둔 국제 NPO·NGO는 인명구조 활동에 필요한 자원봉사자와 재해 구호물자를 요청했습니다. 덕분에 "일본을 돕자!"라는 세계적 공감대가 형성됐다고 생각합니다. 그런데 그 요청에 반응한 사람은 누구였을까요? 바로 일본에서 국제관계 관련 학과에 다니는 대학생들이었습니다.

국제 NPO나 NGO에서 일해보고 싶어 안테나를 세우고 있던 일련의 대학생 그룹이 "현재 나가오카시와 야마코시무라가

처참한 상황이니 여러분의 도움이 필요합니다."라고 영어로 발신한 요청에 반응한 것입니다. 해외에서 보낸 메시지로 일본의 비상상황을 파악한 젊은이들이 "나도 무엇이든 도울 수 있지 않을까" 하면서 행동에 나섰다? 그렇다고 제가 냉소적 반응을 보였던 건 아니지만 그런 일이 벌어진 사실은 흥미로웠습니다. 일본의 '마을 만들기'도 포틀랜드나 에스토니아 등 외국의 영향으로 시작한 경우가 꽤 많지요. 대만 취재 후 미국 콜로라도주의 볼더(Boulder)라는 마을을 접하면서 '로하스'라는 말을 일본에 '수입'한 셈이 됐는데, 그때 미국이나 북유럽 같은 곳에서 들어온 라이프스타일에 모두 마음이 끌린다는 걸 실감했었습니다.

주에쓰 지진 이야기로 돌아가자면, 글로벌을 지향하는 젊은 그룹은 나가오카시나 야마코시무라 같은 로컬의 재난지역 자원봉사 참여를 계기로 일본에는 엄청나게 좋은 것이 많다는 사실을 발견합니다. 결과적으로는 좋은 환경이 훼손되기 쉽다는 사실도 깨닫게 되지요. '주에쓰 재난방지추진기구'에서 활동하며 현재 NPO법인 '귀향지원센터' 부사무국장 이나가키 후미히코(稻垣文彦) 선생을 취재하러 갔을 때 "주에쓰 지진이 관계인구의 기점이지요."라고 내가 말하자 크게 고개를 끄덕이며 공감해줬던 일이 생각납니다.

원래 학생은 여행을 좋아합니다. 새로운 사람과 문물을 접해보는 게 그들에게 중요하지요. 그래서 만남을 찾아 떠나기를 반복합니다. 그런데 관계인구는 여행보다 사람을 만날 기회가 많은 이동이라고 할 수 있습니다. 주에쓰 지역을 찾은 청년들은 현지 피난민 사이에서 봉사 활동을 하면서 매우 이국적 경험을 합니다. 무너졌지만, 난생처음 보는 아름다운 모습의 다랑논이라든가 지역 어르신들이 말하는 사투리 등일 테지요. 이처럼 자원봉사 활동에서 여행만으로는 맛볼 수 없는 본질적 교류나 접촉이 일어난 것입니다. 그래서 저는 주에쓰 지진이 관계인구의 시작점이라고 생각합니다. 물론 큰 재해였지만, 재해가 일어나 국제지향의 청년과 로컬의 만남이 생겨났다는 점에서 틀림없다고 확신하고 있습니다.

사실 대지진은 더 이전에도 있었습니다. 1995년, 현재 제가 이중거점으로 생활하는 효고현 고베를 중심으로 발생한 한신·이와지 대지진이지요. '자원봉사 원년'이라는 말이 생겨났듯이 많은 사람이 자원봉사를 위해 한신 지역에 몰렸었습니다. 하지만 피해 지역이 중산간 지역이 아닌 대도시였다는 점은 주에쓰 지진과 달랐습니다. 많은 청년이 중산간 지역을 향하게 된 계기는 주에쓰 지진입니다. 이미 인구 감소 현상이 두드러지고 있던 야마코시무라 같은 과소 지역에서 자원봉사자가 지역 사람과 어떤 관계성으로 연결되면서 관계인구로 나아가는지, 그것이 제게는 매우 흥미로운 주제였습니다. 이나가키 선생의 말에 의하면, 야마코시와 나가오카 사람들은 처음에 "지진 탓이다."라는 말을 입에 달고 살았다고 합니다. 그러다 피해 지역에 나타난 청년들과 소통하며 몇 년에 걸쳐 자신의 땅을 복구하는 과정에서 "지진 덕분에 젊은이들이 찾아왔다."로 말이 바뀌었다고 합니다. 관계인구를 생각할 때 매우 중요한 지점이자, 주에쓰 지진에 왜 사람이 모여들었는지를 가르쳐준 사례라고 할 수 있습니다.

돌이켜 봤을 때, 관계인구로 지역 활성화가 잘된 곳은 대부분 재해나 비상상황이 발생한 지역이라고 말할 수 있지 않을까 싶습니다. 2003년, 일본에서 최초로 제로웨이스트 선언을 한 도쿠시마(德島)현 가미카쓰(上勝)는 현재 쓰레기를 45종으로 분리수거 중입니다. 처음에는 주민 각자가 자신의 집 마당에서 쓰레기를 태워버렸다고 합니다. 하지만 법률로 규제된 후 더 이상 태울 수가 없게 됐지요.

결국 가미카쓰 정(町)에서 소형 소각로를 도입하지만 얼마 안가 그것마저 다이옥신 검출이 사회문제가 돼 사용을 중지했습니다. 그래서 도달한 결론이 쓰레기의 세세한 분류와 리사이클입니다. 이것이 가미카쓰가 제로웨이스트 선언을 하게 된 경위입니다. 후쿠이(福井)현 사바에(鯖江)시 가와다(河和田) 지구에서는 주에쓰 지진이 일어난 같은 해 2004년, 후쿠이 호우 침수 피해가 있었습니다. 그곳에서 교토세이카(京都精華)대학 학생들이 피해 지역 지원 차원에서 재해 쓰레기를 활용한 예술 프로젝트를 실시했는데, 그것이 '가와다 아트 캠프'의 시작입니다.

또한 도쿄대학원에서 환경학을 연구하는 오카베 아키코(岡部明子) 교수에 따르면 지바(千葉)현 다테야마(館山)시를 비롯한 미나미보소(南房総)에서는 2019년, 태풍 수해 진흙 제거 작업 중, 평소에는 좀처럼 볼 수 없었던 은둔형 외톨이 남성 등이 나타나 물에 젖은 생활용품을 함께 말리거나 정리를 도와준 일이 있었다고 합니다.

아울러 오카베 선생은 "유사시 인간은 삶의 구조가 리셋되기 때문에 쉽게 밖으로 나오게 된다."고도 말했습니다. 평소와 달리 큰일이 발생했을 때 관계인구가 만들어지기 쉬운 이유도 여기에 있을 겁니다. 동일본 대지진도 마찬가지겠지요.

지역, 유역 그리고 온라인으로 퍼지는 관계인구

관계인구 관련해 책을 낸 일을 계기로 정부 산하 조직의 여러 위원회 활동을 하게 됐습니다. 그중 하나가 내각관방 '마을·사람·일 창생본부'의 '두근두근 지방생활 실현회의'였습니다. 국가 조직 회의체 이름에 '두근두근'이라는 단어가 들어간 것부터가 획기적이었죠. 저는 '두근두근'이라는 말을 좋아해 관계인구를 주제로 글을 쓸 때나 「소토코토」에서 자주 써먹고는 합니다. 물이 샘솟는 모습에서 유래한 말이라고 합니다. 제가 물가를 좋아해서 그런지 모르겠지만, 옛날 사람들이 샘솟는 물을 발견하고는 "앞으로 당분간은 살아갈 수 있겠구나." 하는 기쁨과 안도의 감정을 '두근두근'이라는 말로 표현한 게 틀림없다고 제멋대로 해석하고 있습니다. 사람은 누구나 안도할 수 있는 곳을 찾아다닙니다만, 특히 관계인구는 두근거릴 만한 일이 일어나기 쉬운 이동이라 「소토코토」에서 유독 '두근두근'이라는 말을 자주 사용하게 된 것 같습니다.

「소토코토」는 2018년 2월호를 '관계인구 입문' 특집으로 꾸린 후, 지금까지 총 다섯 번에 걸쳐 관계인구를 특집으로 다뤘습니다. 그렇게 일본의 관계인구를 취재해왔는데, 최근 들어 관계인구의 분화 같은 현상을 감지할 수 있었습니다.

첫 번째로 '지역 내 관계인구'입니다. 2020년 4월호에 소개했던 '비루토자리가니' 대표 나카무라 슈(中村周)라는 건축가가 있습니다. 도쿄 출신인 그는 취업도 도쿄로 했지만, 우쓰노미야(宇都宮)대학 대학원 시절의 연구 현장이었던 우쓰노미야시 가마가와(釜川) 지역을 계속 다니며 '가마가와 포켓'이나 '골든 컬렉션 빌딩' 같은 거점 공간 리노베이션 작업을 했습니다. 그곳에 우쓰노미야 시내는 물론 인근 마을의 크리에이터가 모여들고 있는데, 그런 사람을 저는 '지역 내 관계인구'라고 부릅니다.

홋카이도청(北海道庁)은 홋카이도판 관계인구라고 할 수 있는 '도내판 관계인구' 정책에 힘을 쏟고 있습니다. 도청 소재지인

삿포로에는 약 197만 명이나 되는 많은 사람이 있으니 삿포로 시민이 가령 리시리토(利尻島) 또는 사루후쓰무라(猿払村) 아니면 루모이(留萌) 시의 관계인구가 되면 좋지 않을까 하는 생각에서 태어난 정책입니다. 수도권에서 사람을 불러 모으는 일도 중요하지만, 같은 도(道) 안에 커다란 인구 밀집 도시가 있다면 그곳과 관계성을 만들어 가는 것도 중요하니까요.

미야기(宮城) 현의 사례도 흥미롭습니다. 이주 희망자에게 인구 110만 명의 현청 소재지 센다이(仙台) 시에 먼저 거주하게 한 후, 도메(登米) 시나 미나미산리쿠(南三陸) 정 같은 현 내의 아름다운 마을과 관계를 맺게 하면서 단계적으로 이주하게 하는 '2단계 이주' 정책을 추진하고 있습니다. 같은 현의 구리하라(栗原) 시 구리코마(栗駒)에는 '가이멘코야'라는 매우 독특한 카페가 있는데 센다이에 살면서 그런 곳을 찾다 보면 점점 관계성이 생기면서 지역의 매력에 빠져들어 이주하게 될지도 모르는 일입니다. 이것 역시도 지역 내 관계인구라고 할 수 있습니다.

지역 내 관계인구의 범위가 점점 좁아지면 야마자키 료[11] 선생이 주창하는 '활동인구' 개념에 가까워질지도 모르겠습니다. 다시 말해 지역 활성화 관련해 활동하지 않던 사람이 지역 활동

---

11) 山崎亮. 일본의 커뮤니티 디자이너 1세대. 공공 디자인 프로젝트로 지역의 변화를 이끄는 'studio-L'을 이끌고 있다. 『커뮤니티 디자인』(2012. 안그라픽스) 『작은마을 디자인하기』(2014. 디자인하우스) 등의 저서가 있다.

을 한 것 같은 결과를 가져온다면 인구 감소 국면이라도 지역은 활력을 유지할 수 있다는 게 야마자키 선생의 생각입니다. 이런 측면에서 바라본다면 지역 내 관계인구는 지속할수록 활동인구와 다름없어질 것입니다.

관계인구의 분화 두 번째는 '유역(流域) 관계인구'입니다. 다소 개인적이지만, 저는 지역을 도도부현[12]으로 나누지 않습니다. 낚시에 빠져 있다 보니 기본적으로 강의 시선으로 지역을 바라봅니다. 구체적으로는 수질과 수목 그리고 식생 등입니다. 제가 말하는 좋은 지역은 바로 이러한 식생과 수목, 수질이 좋다는 공통점이 있습니다.

예를 들어 야마가타(山形)현의 모가미가와(最上川) 유역 관계인구를 살펴보겠습니다. 이곳 모가미가와 유역 신조(新庄)시에는 창의력 넘치는 요시노 토시미쓰(吉野敏充)의 디자인 사무소가 자리하고 있습니다. 그리고 야마가타(山形)시에는 '아카오니' 사무소의 디자이너 고이타바시 모토키(小板橋基希)가 있고, 마무로가와마치(真室川町)에는 진고에몬이모[13]를 재배하는 사토 하루키(佐藤春樹)와 '공방 스트로우'의 다카하시 신이치(髙橋伸一)가 활

---

12) 都道府県. 일본의 광역 지방공공단체를 일컫는 말. 1도(토都) 1도(도道) 2부(후府) 43현(켄県)으로 이뤄졌다. 도쿄都, 홋카이道, 교토府와 오사카府 그리고 43개의 현으로 총 47곳이다.

13) 甚五右ヱ門芋. 야마가타현 마무로가와마치의 사토(佐藤) 가문에서만 생산하는 토란.

동하고 있습니다. 신조시는 강설량이 엄청난 지역으로 눈 이름이 탄생한 곳이기도 합니다. 싸라기눈을 비롯해 일곱 가지 정도의 이름이 있다고 하는데 그 원조가 바로 여기입니다.

요시노 선생이 '기토키토대학'의 강의를 부탁해 신조를 다니고 있는데, 워크숍을 열면 언제나 마무로가와마치나 사케가와무라(鮭川村), 가네야마마치(金山町) 등 주변 마을의 청년이 모여들었습니다. 그들은 마을의 미래를 위해 마을 간 협력 이벤트를 개최하기도 하면서 좋은 관계를 유지하고 있습니다. 서로를 인정하지만 완전한 통합은 이루지 않은 느낌이랄까, 하나의 뭔가로는 합쳐지지 않는 '알갱이' 같은 느낌의 그들 모습이 보기 좋았습니다. 한편으로 그들의 공통점이 무언지 곰곰이 생각해보니 모가미가와라는 강이 있었습니다. 모두 모가미가와 유역에서 살면서 활동하고 있었는데, 같은 유역에서 살아간다는 공통점이 서로에게 안도감을 전해주고 있는 게 아닐까 싶습니다.

제가 나고 자란 군마(群馬)현 다카사키(高崎)시에는 도네가와(利根川)의 지류인 가라스가와(烏川)가 흐릅니다. 가라스가와 유역의 지역은 서로 거리가 떨어져 있어도 사투리 말씨가 비슷하고 몸짓이라든가 화내거나 웃는 포인트가 비슷합니다. 과거 뱃길이 번성했던 시절에는 강이 고속도로나 마찬가지였습니다. 유행이나 소문도 강을 따라 흘러들어왔지요. 일본의 뱃길은 지금의 고속도로보다 훨씬 역사가 깁니다. 그렇다 보니 유역에는 오래전부터 세대를 거치면서 공유된 문화가 생활 속에 잔향처럼 남아 있습니다. 따라서 유역은 함께 무언가를 도모하거나 관계 맺는 데 유리한 곳이 아닐지 상상해봅니다. 제가 도도부현의 지역 구분보다 강의 구분을 믿는 이유가 여기에 있습니다.

저는 유역 관계인구 이야기를 꺼낼 때가 가장 행복합니다. 강을 떠올리며 말하게 되니까요. (웃음) 지역을 다니며 유역 관계인구를 말할 때, "여기도 그래요!"라고 공감해주는 유역 사람을 만나면 더욱 즐겁습니다. 지쿠고가와(筑後川)를 비롯한 고노가와(江の川) 요시노가와(吉野川) 나가라가와(長良川) 요네시로가와(米代川) 스미다강 등의 젊은이들은 유역에 함께 모여 마르셰를 열거나, 협업 프로젝트를 진행하고 또 연구 모임을 합니다. "이미 오래전부터 그래왔어."라고 말하면 그만이지만, 제가 '유역 관계인구'라는 말로 부르지 않았다면 "우리도 그래요!"라는 공감의 반응을 얻기가 쉽지 않았겠지요.

'관계인구'도 그렇고 '지역 내 관계인구'나 '유역 관계인구'라는 말은 모두 어렴풋하지만 느끼고 있었던 공기감을 언어로 표현했기 때문에 "정말 그렇네요!"라는 반응을 얻을 수 있었습니다. 이처럼 마치 공기처럼 원래부터 있었던 무언가를 언어화했을 때 공감을 얻는 일은 그런 움직임을 앞으로 나아가게 하는 데 중요하게 작용합니다.

유역은 일본의 소중한 문화입니다. 그런 측면에서 볼 때 '2025

오사카·간사이 엑스포'의 테마는 사실상 유역이라고 생각합니다. 간사이 지역은 비와(琵琶)호수에서 시작하는 유역권이니까요. 참고로 비와호·요도가와 유역에는 시가현을 비롯해 교토부, 오사카부, 효고현, 미에현, 나라현 등 2부 4현이 걸쳐 있지요. 유역 기반의 지역 커뮤니티를 만드는 '유역권' 구상은 오히라 마사요시(大平正芳) 내각 시절의 일이지만, 그보다 앞선 내각에서 시작했다고 합니다. 이처럼 일찍부터 유역이라는 지역 기준과 문화가 있었다고 한다면, 지금 유역 관계인구를 포함한 관계인구라는 삶의 방식이 확산하는 이유가 설명됩니다.

세 번째는 '온라인 관계인구'입니다. 코로나19를 기점으로 온라인 공간에서 사람과 사람이 이어지는 움직임이 일었는데, 이때 생겨난 관계인구입니다. 온라인 공간의 특성 때문에 관계 맺기가 쉬웠을지도 모릅니다. 의자에 앉아 좋아하는 차를 마시며 편하게 상대방의 말에 맞장구를 칠 수 있었듯이 자신만의 안전한 공간에서 지역과 연결되는 즐거움을 누렸던 겁니다. 매우 좋은 일이었다고 생각합니다. 그전에는 관계인구 창출을 위해 주로 코워킹 스페이스 같은 멋진 공간을 빌린 후, SNS에 "일요일 오후 2시에 만나요!"라는 식으로 참여자를 모집했었습니다. 그때 지역에 관심을 지닌 많은 청년이 찾아줘 기쁘기도 했지만, 내가 맹점이라고 생각했던 건 오고 싶어도 못 오는 사람을 챙길 수 없는 현실이었어요. 계단 오르기가 힘든 사람이나 육아 중이라

먼 길 나서기가 어려운 사람 등을 배제하게 된 것이죠. 하지만 온라인이라면 누구라도 참여할 수 있었습니다. 마음만 먹으면 아이를 돌보면서도 가능하겠지요. 이처럼 온라인은 지역과의 연결이나 관계 맺기를 즐기는 데 좋은 방식이라고 생각합니다.

다만 '프레임 밖'의 동료를 만나기가 어려워진 점은 있습니다. 여기서 프레임 밖이란 각자의 얼굴만 보이는 컴퓨터나 스마트폰 모니터 바깥세상을 말합니다. 온라인 토크 행사에서 진지하게 발표하고 있는데, 카메라 바깥에 있는 아들 녀석이 몸개그로 나를 웃겨도 사람들은 모르겠지요. 이처럼 모니터만으로는 온라인 공간 밖에서 무슨 일이 일어나는지 파악할 수 없습니다. 그런데 코워킹 스페이스에서 치른 행사라면 이야기가 달라집니다. 우연한 만남이나 우발적 사건이 일어나 참가의 즐거움을 선사하기도 하니까요. "사시데 옆에 앉았던 사람 누구지? 더 재밌던데?" 같은 반응이 나올지도 모르고요. 이러한 간섭 작용이 온라인에서는 일어나기 어려운 점을 고려해야 할 필요가 있습니다. 하지만 지역으로 발길을 옮기지 못해도 지역을 생각하는 많은 이에게 온라인은 분명한 장점일 겁니다. 한편으로는, NFT 전문가이자 '넥스트 커먼즈 랩'의 하야시 아쓰시 대표가 도모하는 야마코시 '디지털 주민' 사업처럼 온라인에서 할 수 있는 일이 나날이 진보하고 있어 온라인 관계인구 수요는 점점 높아지고, 방식 또한 다양해져 가리라 생각합니다.

실제로 제가 아키타(秋田)현 유자와(湯沢)시에서 관계인구 강좌 '유자와 로컬 아카데미' 강의를 맡을 때 유자와에 와본 적이 한 번도 없는 사람이 전체 수강자의 80퍼센트에 이르렀습니다. 크라우드 펀딩 방식으로 유자와 사과를 사용한 크래프트 맥주를 만들고, 온라인상에서 건배했는데, 당시 유자와 시장도 참여한 모습이 신문 기사로 소개되기도 했습니다. 생각해보면 반드시 대면할 필요는 없겠다고 느낀 경험이었습니다. 온라인으로 지역 활동을 펼치거나 깊은 관계를 쌓는 방법이 앞으로도 여러 가지 모습으로 펼쳐지길 기대해 봅니다.

또 하나 덧붙이고 싶은 이야기가 있습니다. 관계인구 관련한 어느 온라인 워크숍 자리였는데 갑자기 LGBTQ+ 이야기가 나온 겁니다. 지역 활성화와 성소수자는 접점이 없을 것이라고 일축하는 사람이 있을지 모르겠지만, 사실 접점이 매우 큽니다. 따라서 지역에 사는 모두가 행복해지기 위한 관계인구를 도모한다면 반드시 이런 이야기도 함께 나눠야 합니다. "지역 내에서 성소수자 이야기를 꺼낼 기회가 없다 보니, 그런 이야기를 할 수 있는 장을 만들고 싶습니다." 실제 대면이 아닌 온라인 참가자이기에 할 수 있는 말인지 모르겠지만, 당시 그 말을 듣고서는 관계인구가 성장하고 있다는 느낌을 받았습니다. D&I(Diversity and Inclusion, 다양성과 포용성)라고 해야 할까요, 관계인구 이야기가 인구 감소 대책이라는 거창한 목적뿐만 아니라 더욱 세분화한 개인들의 작은 목소리까지 울리게 해준 기쁜 일이었습니다.

관계인구를 끌어들인다는 착각

관계인구의 형태는 다양하며 더욱 퍼져가고 있습니다. 관계인구를 맞이하는 사람을 저는 '관계 안내인'이라고 하는데, 이들도 변화하고 있습니다. 그렇다면 관계 안내인을 어디서 볼 수 있고 또 어떻게 연결될 수 있을까요? 바로 지역의 관계 안내소입니다. '관계 안내소'나 '관계 안내인'이라는 말은 모두 10년 전쯤에 제가 만든 조어입니다. 어느 날 신칸센을 타고 목적지 역에 내려 개찰구를 빠져나왔습니다. 주변을 둘러보니 관광 안내소가 보이더군요. 마침 약속 시간까지 30분에서 1시간 정도 여유가 있어 들러봤습니다.

관광 안내소는 햇빛이 들지 않는 광장 구석에 쓸쓸하게 자리하고 있었습니다. 들어가 보니 선반에 꽂힌 이런저런 홍보 전단과 소책자가 습기를 머금고 축 처져 있었습니다. 사람들을 불러들이겠다는 마음이 느껴지지 않더군요. 축제 홍보 전단을 집어 들었더니 이미 두 달 전에 끝난 행사였습니다. 그 자리에서 저는 관광 안내소가 앞으로 어떻게 변하면 좋을지 생각했습니다. 그때는 지금처럼 스마트폰 기술이 뛰어나지 않았지만, 관광 안내소라면 모바일로도 얼마든지 구현할 수 있을 것 같았습니다.

그렇다고 하더라도 지역 관광을 소개하고, 지역에 흥미를 지닌 사람을 늘려 경제적 효과를 창출하는 일은 관광 안내소의 중요한 기능입니다. 관광 안내 자체는 앞으로도 필요하겠지만, 지금 제 눈앞에 있는 이런 장소가 계속 필요할까, 하는 의문이 들었습니다. 필요치 않다면 관광 말고 무엇을 안내해야 좋을지 생각해봤더니 그 무렵 많은 지역에서 게스트하우스가 생겨나는 일이 떠올랐습니다. 무슨 무슨 마을에 있는 게스트하우스에 묵었다가 운명적 만남을 경험했다는 말에 모두가 눈을 반짝이며 귀를 기울이던 모습이 생각난 것이지요.

또한 '연결'이나 '이음' 같은 말이 자주 언급됐던 시기이기도 했는데, 제가 「소토코토」를 편집할 때 '연결'이라는 말이 왜 이리 많은 거야? 하면서 마감했던 기억까지 되살아났습니다. 결국, 지금 사람들이 관광만큼이나 설렘을 느끼는 게 연결이나 관계성이라면 '관계'를 안내하는 장소를 만들면 좋지 않을까, 라는 생각에 이르렀습니다. 기존 관광 안내소와는 전혀 다른 형태의 관계 안내소 말이지요. 말만 바꾼 거 아니냐는 말을 종종 듣기도 하지만 저는 좋은 아이디어라고 생각해 제 책에서도 필요성을 풀어낸 바 있습니다.

관계인구를 맞이하는 관계 안내인은 대체로 지역의 대변인 역할을 해왔습니다. 게스트하우스나 공유 오피스 운영자라든지 카페나 바 주인장으로 예전 같으면 펜션 사장님이라고 할 수 있지요. 이런 분들이 관계 안내인이라고 할 수 있는데 최근에는 좀 더 뾰족하다고 해야 할지 아니면 눈에 띈다고 해야 할지 모르겠지만, 젊은 농부나 고충이 많은 지역부흥협력대[14] 1년 차 청년 같은 새로운 관계 안내인이 등장한 듯한 느낌을 받습니다. 일원화한 관계 안내소가 아니라 하나의 지역에 여러 관계 안내소나 관계 안내인이 출현하기 시작한 겁니다. 하나의 축이 여러 개로 늘어나면서 지렛목이 이동하고 있다는 느낌이랄까요. 이것을 지역 활성화 용어로 '축 이동'이라고 말합니다. 오다기리(小田切) 선생에게 배운 걸 이렇게 써먹고 있네요.

축 이동은 있는 편이 좋습니다. 또 의도적으로 만들어내는 게 중요합니다. 어떤 한 곳에 매우 영향력 있는 관계 안내인이 운영하는 관계 안내소가 있다고 쳐볼게요. 처음에는 그곳의 흡입력이 지역에 도움이 되겠지만 언젠가 안내인도 나이를 먹게 됩니다. 동시에 그곳을 중심으로 형성된 커뮤니티도 세월을 탑니다. 10년 후 돌아보면 지역 안에 관계 안내소는 그곳밖에 없는데 30대 후반이었던 안내인이 어느새 40대 후반이 돼버린 거죠. 이런

---

14) 地域おこし協力隊. 일본 총무성의 지역 활성화 정책 중 하나. 도시의 청년을 과소지 지역에 파견해 지역 문제 해결을 비롯해 로컬 브랜딩 같은 지역 활성화 사업에 참여해 활약할 수 있게 지원하는 제도. 2018년 5,530명이 참여했으며, 2026년까지 10,000명으로 늘릴 계획이다.

경우를 흔히 볼 수 있습니다.

NPO도 비슷한 상황입니다. 1999년 즈음에 폭발적으로 늘어나 활발한 활동을 벌였지만, 20년이 지난 지금 새로운 사람이 들어오지 않자 예전 멤버만으로 돌아가는 조직도 적지 않습니다. 물론 그것대로 익숙하고 마음 편한 커뮤니티가 될 수는 있겠지만, 지역을 흔들어 변화를 일으키려면 반동이 일어야 하는데 그럴 때 축 이동이 효과를 발휘합니다. 관계 안내소도 다음 세대 또 그다음 세대로 축을 바꿔가야 지역에 여러 관계 안내소가 만들어질 수 있습니다. 그래야 사람들도 한 곳만이 아닌 여러 군데로 분산돼 다층화할 것입니다. 지역 활성화에는 이러한 움직임이 매우 중요합니다.

관계 안내소는 분산되고 있지만, 동시에 대형화로 가는 듯한 느낌도 있습니다. 게스트하우스에서의 일대일 만남도 인생을 좌우하는 사건이라고 생각하지만, 대형 시설을 선호하는 사람도 많습니다. 야마가타현 야마가타시에 있는 어린이 놀이시설 '셸터 인클루시브 플레이스 코팔(Shelter Inclusive Place Copal)'은 장애아동도 함께 즐길 수 있으며 가족도 이를 지켜볼 수 있게 만들어 새로운 사람과 관계를 쌓을 기회를 마련하고 있습니다. 그곳에서 자원봉사 스태프로 일하면 지역 내 관계인구가 되는 셈이지요.

또 효고현 고베시의 폐교를 활용한 '네이처 스튜디오(Nature

Studio)'는 수족관을 비롯해 낚시터나 키친 가든, 크래프트 맥주 공방 등을 조성해 관심 있는 사람을 끌어들이고 있습니다. 이곳 대표 무라카미 다케히데(村上豪英) 씨는 '소셜 비오톱(Social Biotope)'이라는 콘셉트로 사람과 자연, 사람과 사람이 연결을 유도하고 있습니다. 이처럼 규모가 큰 복합시설인데도 인간미 넘치는 공간으로 만들어지는 점이 인상적입니다.

사카모토 다이스케(坂本大祐)와 요시다다 다카시(吉田田タカシ) 씨에게 굿디자인상 대상을 안겨 준 '마법의 막과자[15] 티롤당'. 티롤당은 '오피스 캠프 히가시요시노'에 사카모토 씨와 지역 주민을 비롯해 로컬을 생각하는 안팎의 사람이 드나드는 과정에서 다양한 만남과 이야기가 쌓여 탄생했습니다. 티롤당은 어린이 식당 역할도 하지만, 어른도 함께 즐길 수 있는 장소가 됐고 지금은 각지에서 이곳을 보기 위해 찾아오는 일이 지난 수년간 눈에 띄게 늘었습니다. 행정의 관점으로 미뤄볼 때 지역에 어떤 장소가 필요하며 또 어떻게 사람을 맞이해야 좋을지 잘 보여주는 곳이라고 생각합니다. 행정의 시찰이 무슨 의미가 있느냐는 비판의 목소리도 있지만, '축 이동'이라는 관점에서 저는 의미가 크다고 생각합니다. 가서 볼 만한 장소가 많이 있기 때문입니

---

15) 원문 표현은 '다가시(駄菓子)'로 주로 어린이를 대상으로 판매하는 싸구려 사탕과 과자 따위를 말한다.

다. 실제로 그런 곳이 지난 몇 년간 폭발적으로 늘어난 것만으로도 큰 의미가 있지 않을까요.

또한 사람을 끌어들이는 방법의 하나로 워케이션이 있습니다. 워케이션이란 워크(Work)와 베케이션(Vacation)의 합성어로 여가를 즐기면서 원격근무 방식으로 일하는 것이라고 관광청은 정의하고 있습니다. 워케이션 자체는 나쁘지 않다고 생각하지만, 한결같은 홍보 방식에는 의구심이 생깁니다. 검색창에 워케이션을 입력하면 파란 하늘, 남도의 백사장에 앉아서 또는 푸른 고원이 내려다보이는 테라스에서 노트북을 열고 있는 사진이 나오는데, 그런 장면만이 워케이션이라는 인상을 심어주는 듯해 마음에 걸렸던 것 같습니다. 눈앞에서 최고의 자연경관이 펼쳐지는데 노트북 모니터만 보고 있다니! 저라면 이동 중에 일찌감치 일을 마치고 도착하자마자 낚싯대를 챙겨 강으로 달려갔을 겁니다.

저는 약 9개월 전부터 직장이 있는 도쿄와 가족이 있는 고베를 오가는 이중거점 생활을 하고 있습니다. 신칸센으로 3시간 정도 걸리는데, 이동하는 동안 최대한 업무에 몰두합니다. 직원들에게는 미안하지만, 월요일에는 도카이도 신칸센 원격근무 칸에 앉아 오전 9시부터 10시 사이에 온라인 회의에 참석합니다. 도중에 와이파이가 끊기기도 하지만 이동 중에도 할 수 있는 일은 끝내버립니다. 목적지에 도착하면 가족과 함께하거나 지역 사람들과 교류의 시간을 갖는데, 이런 게 진정한 의미를 지닌 워케이션 아닐까요. 방법은 얼마든지 있습니다. 지역 활성화 관련 강좌에 참석하거나 다과회를 열어 새로운 만남을 갖거나 하면서 교류의 폭을 넓힐 수 있겠지요. 워케이션은 사람들이 지역을 찾도록 고안한 방식인 만큼 지역 사람과 접점을 만들 수 없다면 의미가 없지 않을까 싶습니다.

고베 생활을 좀 더 이야기하자면, 지난 9개월 사이 마을 만들기나 지역 활성화 분야에 활약하는 많은 분을 만날 수 있었습니다. 예를 들면 '후쿠야마 병원'의 후쿠야마 쓰요시(福久山剛) 선생이라든가 '기업 플라자 효고'라는 공유 오피스를 운영하는 요코야마 소스케(橫山宗助) 씨 같은 분들입니다. 「소토코토」 편집장이 아닌 고베의 시민 한 사람, 한 가족으로서 대해주셨습니다. 이런 분들과 관계 형성은 도쿄와는 또 다른 느낌의 관계성을 도모할 수 있어 좋았습니다.

또 제가 이사로 이름만 올렸을 뿐이지만, 아시야(芦屋)에 있는 NPO 법인 '프라이팬'의 마을 만들기 사업에도 참여 기회가 늘고 있습니다. 결과적으로 이중거점 생활을 하면서도 한 시민으로서 지역과 관계성을 형성할 수 있었습니다. 예전에는 라이프스타일로서 이중거점 생활, 다중거점 생활이라고 하면 구글 검색창에나 나오는 이미지로만 알고 있었는데 지난 9개월 실제로 겪어보니 이러한 일들이 일어난다는 사실을 체감할 수 있었습니다.

지역에 따라 관계인구의 목적이나 기질이 다르다고 느낀 경우가 많습니다. 관계인구 강좌의 시작이라 할 수 있는 시마네(島根)현 '시마코토 아카데미'를 2012년부터 진행해오고 있는데 수강생 모두가 온화하고 상냥하다는 인상을 받습니다. 히로시마(広島)현 지역 활성화 계획과 감수에도 관여하고 있는데 그곳 수강생의 인상은 어떻게든 해내야 한다는 열정 가득한 느낌이었습니다. 역시 히로시마 카프[16]가 있기 때문일까요.

이처럼 관계인구를 받아들이는 도도부현의 성격 차이를 저는 '현성(県性)'이라고 부릅니다. 서로 인접한 시마네현과 히로시마현이라도 모이는 관계인구의 성정이 다른 것처럼 현 전체에 흐르는 공기감이나 분위기는 도도부현 47곳마다 다르다고 생각합니다. 다시 말해 사람들은 자신이 끌리는 현마다 다른 고유의 기질에 맞춰 해당 도도부현의 관계인구가 되는 것이겠지요.

제가 교장으로 있는 후쿠시마(福島)현 고리야마(郡山)시의 '고리야마 동네학교'도 고리야마만의 분위기를 풍깁니다. 이런 경우는 '시성(市性)'이라고 해야 맞겠지만, 여하튼 고리야마에서만 느낄 수 있는 정감 같은 것이 있습니다. 거리에 비슷한 복장의 사람이 모이거나 공통의 음악 취향을 지닌 사람끼리 어울리듯이 관계인구도 그 지역 현성에 따라 공통점이 있는 사람으로 형

---

16) 広島東洋カープ. 센트럴리그에 소속된 일본 프로야구 구단.

성되는 경우가 많다고 생각합니다. 인간도 동물이므로 그곳에서 부는 바람이라든가 사람들의 생김새 또는 친근함 등 지역 풍경이나 사람을 대할 때 야생의 직감력이 작용하는 것 같습니다.

'약속의 강'이라는 말이 있습니다. 저 모퉁이를 돌면 다래나무가 있을 것 같아 가봤더니 정말로 자라고 있더라, 하는 기시감 비슷한 건데, 가본 적이 없는데도 가본 느낌이 드는 강을 말합니다. 낚시꾼에게는 두세 개의 약속의 강이 있다고 하는데 저는 이미 세 개 전부를 만났습니다. 앞으로 더는 약속의 강을 만나지 못할 것 같아 아쉽지만, 강을 지역으로 바꿔본다면 관계인구가 된 사람에게도 '약속의 지역'이 있는 것 같습니다. 처음 왔는데도 처음이 아닌 것 같은 느낌을 받는 지역이 있는 것이죠. "여기 왠지 느낌 좋은데!" 하는 말이 절로 나오는 그런 지역이 있다면 그곳이 약속의 지역일지도 모릅니다.

「소토코토」 취재 차 여러 지역을 다니며 "왜 이곳을 선택하셨어요?"라고 물었을 때 "그냥 왔어요." 아니면 "직감으로요."라고 답하는 사람이 의외로 많았습니다. 아마도 그곳이 그들에게 약속의 지역이기 때문일 겁니다.

그런데 자신만의 '약속의 지역'을 만나는 사람이 많아진 요인은 무엇일까요? 그만큼 유동인구가 많아진 탓이겠지만, 이면에는 다양한 지역에 머물 수 있는 구독 서비스가 생겨나는 등 약속의 지역에 쉽게 가닿을 수 있는 여건이 조성됐다는 점도

요인으로 작용하지 않았을까 싶습니다. 좋은 일이라 할 수 있겠지요. 또한 출범한 지 13년에 이르는 지역부흥협력대 활동의 영향으로 미지의 고장을 찾는 즐거움이 알려진 탓도 크다고 생각합니다.

지역부흥협력대는 2009년에 만들어 점진적으로 늘려온 정책으로 대원 1만 명 이상을 목표로 삼고 있지만, 제약도 많습니다. 많은 예산을 투입하지 않았는데도 빵집을 열거나 영화사를 만들고 아니면 영화관을 해보는 등 자신의 아이디어를 열심히 구현하고 있습니다. 3년 동안 식견을 쌓고 지역과 관계 맺는 과정에서 나온 성과인데 이런 사례가 폭발적으로 늘고 있습니다. 그런 장소를 행정 관계자들이 시찰 차원으로 찾아가 볼 수 있다는 건 큰 변화라고 생각합니다. 자신의 관내 지역뿐만 아니라 다른 지역도 둘러보면서 머릿속에 새길 기회가 지난 10년간 많이 증가한 셈이지요.

예전에는 손님이 찾아오는 상업 시설 공간을 중점적으로 봤지만, 요즘은 협력대 출신의 청년이 운영하는 영화관 등에 가보는 경우가 늘어난 것입니다. 그럼으로써 행정 관계자들이 이러한 장소에도 사람이 모인다는 사실을 데이터로 쌓아가고 있으니 유의미하다고 하겠습니다. 그런 가운데 '네이처 스튜디오'나 '셸터 인클루시브 플레이스 코팔' 같은 장소도 생겨난 것이지요. 이처럼 현재 상황에서는 행정이 직접 손대지 않은 사업이라도 데이터로서 공유할 수 있는 장소가 상당히 많다고 생각합니다. 행정의 도움이 없더라도 자신이 상상하는 공간을 직접 만들 수 있는 사람이 늘어난 게 아닐까 싶습니다.

따라서 지역이 그곳의 킬러 콘텐츠만 발신하는 일은 반드시 좋은 것만이 아니라고 말하고 싶습니다. '약속된 느낌'의 데자뷔를 마음속에 지닌 사람에게는 아무리 핫플레이스라 하더라도 그다지 감흥을 불러일으키지 않을 테니까요. 모퉁이를 돌았더니 치과가 있다든지 언덕길에서 돌아보니 새빨간 석양이 눈에 들어온다든지, 이런 보편의 일상 속에서 자신만의 애착이나 소중한 감각이 발현한다고 생각합니다. 그리고 바로 그 순간 '약속'이 맺어집니다. 지역 스스로 지역의 매력을 과하다 할 정도로 강조해 전달한다면 결국 이러한 약속들을 저버리게 되는 결과를 가져올까 싶어 우려가 됩니다.

"지금까지 이런 푸른 빛의 바다는 보지 못했습니다."라고 바다 사진을 인스타에 올린다고 약속으로 이어지지 않습니다. 막상 가봤더니 날이 흐려 "사진하고 다른데?"하면서 끝날 수도 있지요. 그러니까 은은하게 알려야 더 좋은 만남을 가져올 수 있고, 지역과 관계인구 사이의 유대감도 긴밀해지지 않을까 싶습니다. 일본인은 작고 약하고 덧없는 것을 좋아한다고 생각하는데, 그런 것이야말로 로컬의 매력이라고 여겨주시면 감사하겠습니다.

약속의 지역 관련해서 덧붙이자면, 저는 수백 번도 넘게 "관계인구가 되기 쉬운 사람은 누구?"라는 질문을 받아왔는데 그때마다 이렇게 답합니다. "지역에 흥미는 별로 없지만, 친구 따라온 사람"이라고. 별다른 주말 일정이 없는데, 마침 친구가 함께 가자고 해서 온 사람이지요. 당연히 방문 지역 관련한 예비지식도 없고 심지어는 지역 이름도 제대로 모르는, 정말 아무것도 모르고 온 친구가 오히려 지역의 재미에 빠져버립니다. 아저씨의 손놀림이나 아주머니가 내놓는 소박한 밥상 아니면 농사짓는 모습이나 천진난만한 아이들의 표정에 한순간 매료된 것이지요.

저는 여행을 자주 가는 편은 아닙니다만, 가게 되면 예습은 하지 않습니다. 우연한 만남을 즐기는 스타일인데 말하자면 복습형 여행인 셈이지요. 후쿠오카(福岡)현 오무타(大牟田)시에 갔을 때 이야기입니다. '다루스케'라는 도시락 가게가 있는데 그곳의 오징어 도시락이 엄청나게 맛있었습니다. 나중에 알아봤더니 오무타의 소울푸드가 오징어 도시락이었습니다. 그런데 한때 오징어 도시락 원조집이 문을 닫아 마을 사람들이 아쉬워했다고 합니다. 그때 다루스케가 탄생한 것이지요. 그런 스토리를 알게 되자 오무타가 재밌게 느껴졌고 또 가고 싶어졌습니다. 마찬가지로 사전에 지역을 구석구석 조사하고 가면 자신이 직접 그곳 마을의 매력을 발견해나가는 즐거움을 얻을 수 없습니다. 스스로 찾은 매력이 아니라면 마음에 남기 어렵지요. 따라서 지역에서 관계인구 모집 프로그램을 기획할 때, 세세하게 그곳의 매력이 무엇인지 또 과제는 무엇인지 미리 준비해 놓기보다는 참가자 스스로 발견할 수 있는 '여백'을 남겨두는 방식으로 설계하는 편이 낫다고 생각합니다. 그러면 관계인구 만들기가 더 쉬워지지 않을까요.

관계인구, 흔들리는 낱알

"그래서 관계인구가 뭔데요?"라는 질문을 자주 받습니다. 사실 관계인구 개념은 애매한 구석이 있어 정의하기가 쉽지 않습니다. 「소토코토」에서는 '관광 이상, 이주 미만'의 인구로 지역과 관계 맺는 일을 즐기는 사람 정도의 느낌으로 말하고 있습니다. '느낌'이라고 한 이유는 관계인구를 명확하게 정의하기보다는 모호한 상태로 놔두는 쪽이 좋겠다고 여기는 데 있습니다. 언어는 흔들리지 않으면 변화가 없습니다. "보사노바란 이런 것이다."라고 정의하려 해도 스르르 빠져나가고 맙니다. 그래서 재미가 있는 건데, 정의해 버리면 재미가 사라지고 말지요. 지역 활성화도 마찬가지입니다.

낚시를 무척 좋아하는 철학자 우치야마 다카시(內山節) 선생과 조치대에서 토크쇼 행사를 가진 적이 있습니다. 우치야마 선생은 제가 존경하는 분인데 그때 이런 말을 했습니다. "관계인구라는 말을 만들지 않았다면 더 좋았을 겁니다. 옛날부터 지역을 오가는 사람이 있었으니까요."라고 말이지요. 예를 들어 만화 『낚시광 산페이』[17]로 유명한 야구치 다카오(矢口高雄) 선생의 다른 작품 『우리 마을』에는 '쓰바쿠로 상'이라고 불리는 도야마(富山)현의 약장수가 나옵니다. 그는 아키타현 요코테(横手)시에 사는 할머니댁에 1년에 한 번 정도 머무는데 그가 그곳에서 만난 마을 사람들의 따뜻한 우정을 그리고 있습니다. 이처럼 관계인구의 뿌리 같은 존재는 주에쓰 지진 이전부터 여럿 있었습니다.

우치야마 선생은 그런 존재를 언어로 규정하지 않았기 때문에 흔들림이 있었고, 진화하거나 지속가능한 형태로 이어질 수 있었다고 본 겁니다. 만약 관계인구를 온전히 언어로 정의해 버린다면 정의에 어긋나는 건 배제하게 되므로 언어의 성장은 멈추게 된다는 이야기입니다. 물론 언어화로 명확히 드러나는 면도 있겠지만, 저장한 의미로만 사용하는 건 그다지 좋지 않다고 생각합니다. 따라서 관계인구라는 말에도 모호함을 남겨두는 게 중요합니다.

관계인구뿐만 아니라 요즘 시대에는 뭐든지 명확하게 하려

17) 『낚시광 산페이(釣りキチ三平)』는 자연파 만화의 대표작으로 1973년부터 10년간 「주간 소년매거진」(고단샤)에 연재되면서 단행본은 물론 애니메이션으로도 제작된 바 있다.

고 지나치게 애쓰는 듯 보입니다. 연못의 물을 전부 빼는 TV 프로그램[18]이 있습니다. 예능 프로그램이니까 '이런 걸 재밌어하는 사람도 있구나' 하는 정도로 생각하지만, 단순히 물을 뺀 연못 바닥에 어떤 어종이 몇 마리나 되는지 확인하는 작업처럼 보여 아쉽더군요. 관계인구도 연못의 물을 빼듯이 어떤 사람이 몇명 왔는지만을 목적으로 삼는다면 확장의 한계에 부딪히고 맙니다. 제가 야구치의 작품을 좋아하는 이유는 환상의 물고기나 그곳에는 존재하지 않았던 물고기까지 그려내는 데 있습니다. 물론 사실인지 아닌지는 모르겠지만 그런 물고기가 있어도 전혀 이상하지 않게 느껴집니다. 독자 나름대로 이미지를 상상할 수 있게 되는 셈이지요. 따라서 무엇이든 모두 명확하게 드러내는 일은 정말로 좋지 않다고 생각합니다.

우치야마 선생의 『일본인은 왜 여우에게 속지 않게 되었는가』[19]라는 책이 있습니다. 1965년 이후 사람들은 더 이상 여우나 너구리에게 속아 넘어가지 않았다고 쓰여 있습니다. 이런저런 사상을 접하면서 사물의 해상도를 높여간 결과, 반드시 답을 찾고 마는 사회가 됐다고 이야기하면서 그 중심에 컬러 TV의 보급을 상징적 사건으로 놓고 있습니다. 그 이전의 일본 농촌이나 마

---

18) 텔레비전 도쿄에서 만든 일요 버라이어티쇼 「긴급 SOS! 연못 물 빼기 대작전(緊急SOS!池の水ぜんぶ抜く大作戦)」을 일컫는다.

19) 『日本人はなぜキツネにだまされなくなったのか』(2007. 고단샤현대신서)

을 공동체에서는 누군가에게 책임을 떠넘겨서는 안 될 일이 일어나면 여우나 너구리 탓으로 돌려 공동체가 원활히 돌아가도록 했습니다. 예를 들어 치매가 진행 중인 어르신이 길을 잃었을 때, "할아버지 또 여우에 홀렸구나." 하면서 가족이 필요 이상으로 자책하지 않도록 하고 또 가족을 놀리는 사람이 나오지 않게 한 것이지요. 여우와 너구리에게 미안하지만 그런 역할을 부여함으로써 마을 공동체를 유지해온 셈인데, 생각해보면 무엇이든 명확하게 하려는 세상이 과연 좋은 건지 솔직히 의문스럽습니다.

"관계인구가 뭔가요?"라는 질문에 몇 가지 답을 준비해 놓고 있습니다. 하나는 "관계인구는 낱알입니다."라는 답변입니다. 앞에서도 언급했듯이 관계인구는 머릿수가 아닙니다. 수는 많아지면 많아질수록 인식하기 어려워지지만, 낱알은 하나하나 인식할 수 있습니다. 지자체가 관계인구 확산 정책을 펼칠 때 저는 다음과 같이 단호하게 말합니다. "관계인구가 단 한 명이라도 지역이나 사회에 변화가 생기기 때문에 수의 논리를 끌어들이지 않는 편이 좋습니다."라고 말이지요. "우리 지자체는 인구가 매년 200명씩 줄어드니 220명을 늘리고 싶어요."라고 KPI[20]

---

20) 핵심성과지표(Key Performance Indicator)의 약자로, 조직이나 개인의 목표 달성 정도를 측정하고 평가하는 데 사용되는 숫자로 된 척도.

로 말하면 수의 논리가 됩니다. 그렇다고 관계인구를 질로 논할 수도 없습니다. 질의 논리로 따지면 끌어들인 쪽이 정한 일정한 기준을 충족하는 사람만 관계인구가 되기 때문에 비슷한 사람만 모이게 됩니다. "그렇게 하면 뭔가 일이 발생했을 때 대처에 취약합니다."라고 주의를 주는 편입니다. 제가 관계인구는 낱알이라고 말하는 이유가 여기에 있습니다. 한 알 한 알 보이는 낱알처럼, 지역과 관계를 맺어야 서로 좋은 관계로 발전할 수 있습니다.

「소토코토」에 오랫동안 기고했고, 또 2년 정도 매니저 일도 맡았던 후쿠오카 신이치(福岡伸一) 선생의 글에 '낱알이 서다'라는 표현이 나오는데 그걸 읽고 낱알의 이미지가 좋아졌습니다. 생명 관련해서 '낱알이 서다'라는 말을 자주 사용한다고 하는데 저도 좋아하는 말이 됐지요. 관계인구도 인간이고 생물인 만큼 각자가 벌이는 활동이 빛을 내며 드러나는 모습을 '낱알이 서다'라고 표현한 겁니다. 매우 공감이 갑니다. 그러니까 관계인구는 수나 질이 아니라 낱알입니다.

또 하나는 "관계인구는 거울이다."라는 답변입니다. 지역의 미래를 비관해 "우리 지역은 글렀어. 젊은 사람도 없고," 하면서 결론 짓는다면, 남는 건 마음의 과소(過疎) 현상뿐입니다. 그런 곳에 새로운 시각을 지닌 관계인구가 들어가 주민의 새로운 면모를 발견하고, 지역의 새로운 매력을 찾아주는 거울 같은 역할을 합니다. "무섭다고 생각했는데 귀여운 구석이 있군요." 같은 말을 들으면 "내가 그렇다고?" 하면서 40대가 되도록 몰랐던 자신의 새로운 모습을 알게 되듯이 말이지요. 기존의 굳어진 커뮤니티는 한계가 있어 이런 일이 좀처럼 일어나지 않습니다. 따라서 자신과 지역을 다양한 표현으로 재인식하게 해주는 관계인구의 출현은 대단히 유용합니다. 유용하다고 말하면 소재처럼 느껴질 테니 우선은 관계인구 출현 자체에 큰 의미가 있다는 정도로 해두겠습니다.

어떤 때는 "관계인구는 전학생이다."라고 답변하기도 합니다. 처음에는 어색해 거리를 두지만, 점차 서로 가까워지고 친밀해지지요. 나아가 가까이 있다는 사실을 당연하게 여깁니다. 이런 전학생의 친밀화 과정은 관계인구와 통하는 면이 있습니다. 이와 마찬가지로 관계인구는 공생의 프로세스라고도 할 수 있습니다.

이번 호(「소토코토」 2023년 3월호. '관계인구 입문 2023') 표지에 달린 부제 'Connected mind 2023'에도 주목해주시기 바랍니다. 관계인구를 'Linkage population'이라고 번역할 수도 있었지만 'Connected mind'라고 완전히 바꿔 달았습니다. 의도적으로 의역한 것이지요. 사실 'Connected mind'는 제가 생각해낸 말이 아닙니다. 제가 존경하는 어떤 여성분이 가고시마(鹿児島)현에 사는데, 제가 관계인구 이야기를 꺼내자 "사시데 씨, 그건

Connected mind네요."라고 말해줬던 일이 기억에 남아 사용해 봤습니다. 마음이 통한다든지 이어진다는 의미일 텐데, 떨어져 살고 있기 때문에 'connected'가 필요하다기보다는 떨어져 있더라도 혹은 온라인일지라도 지역 안팎에서 그 지역을 생각하는 마음은 같다는 의미를 담고 싶었습니다. 그런 감각을 지닌 사람이라면 모두 나의 관계인구라는 생각을 전하기 위해 붙인 부제입니다.

이처럼 저는 관계인구가 무엇이냐는 질문에 여러 답변을 준비해 마치 상대방을 구슬리듯이 설명해왔습니다. 그런 차원에서 볼 때 관계인구의 저변을 넓히는 일이 나의 역할이라고 생각합니다. 저변 확대 없이 관계인구를 늘릴 수 없기 때문입니다. 바닥을 잘 다져 걷기 쉽게 산의 경사를 완만하게 만들어야 사람이 찾아옵니다. 관계인구도 그렇게 되기를 바라고 있습니다.

지금부터는 관계인구와 SDGs[21] 이야기를 해보려 합니다. 「소토코토」는 '미래를 만드는 SDGs 매거진'이라는 부제를 달고 있듯이 SDGs는 관계인구의 움직임에도 연결돼 있습니다. 모든 관계인구는 어떤 형태로든 지역과 관계 맺고 싶어 하거나 지역과 만나게 되기를 원합니다. 그래서인지 일본에는 '지역을

---

21) '지속가능발전목표(Sustainable Development Goals)'의 약칭으로, 전 세계가 빈곤을 퇴치하고 지속가능한 발전을 이루기 위해 2016년부터 2030년까지 달성해야 할 17가지 국제 목표를 말한다.

도울 수 있다면'이라는 소셜 감각을 지니고 생활하는 청년이 늘고 있습니다. 지역이나 사회에 도움 주는 일을 할 수 있다면 좋겠다는 마음이 드러난 결과라고 생각합니다. 그러한 청년들의 소셜 감각과 세계가 2030년까지 도달하려는 SDGs의 지속가능성은 근본적으로 맞닿아 있습니다.

SDGs는 17개 목표와 169개 세부 목표를 달성해 2030년 이후에도 지속가능한 사회가 이어지기를 목표로 합니다. 그렇다면 실제로 지금 일본에 사는 우리는, 특히 젊은 세대는 사회를 어떻게 바라보고 있을까요? 그들과 대화할 때마다 느끼지만, 그들은 사회를 비롯해 지구 환경에도 더 이상 폐를 끼치고 싶지 않다는 마음을 품고 있는 것 같습니다.

다시 말해 '지속가능한 삶을 살고 싶다' '환경과 사회를 생각해야 한다' 같은 마음은 사실, 공통의 뿌리로 소셜 가치와 연결된 것이지요. 즉 소셜 관점에서 나온 '나도 지역에 뭔가 도움을 줄 수 있으면 좋겠다'는 마음과 지속가능성 시각에서 발현한 '환경과 사회에 부담을 지우고 싶지 않다'는 마음은 완전히 같은 사고 체계에서 생겨난 두 갈래 충동이라고 말할 수 있습니다.

실제로 「소토코토」 강좌 참여자나 아카데미 수강생을 만나보면 SDGs의 지속가능성 시각으로 배우고자 하는 경향이 짙습니다. 또한 방문 지역 사람들과 무언가를 도모해 조금이라도 지역이 앞으로 나아갈 동력이 되고 싶다는 사회적 목표를 가슴에

품고 있습니다. 그런 의미에서 SDGs와 관계인구는 매우 유사한 가치를 내포하고 있다고 볼 수 있습니다.

SDGs에 견줄 만한 또 하나의 중요한 키워드가 있습니다. 바로 웰빙입니다. 웰빙은 신체적, 심리적, 사회적으로 '좋은 상태'라고 설명하지만, 저는 의역해서 '기분 좋은 상태'라고 말합니다. 사람은 기분 좋은 상태일 때 가장 행복을 느끼지 않습니까. 관계인구와 웰빙도 연결된 지점이 제법 많다고 생각해 「소토코토」를 만들 때 웰빙의 사고방식을 중요하게 여기고 있습니다.

좀 더 공들여 번역하자면 '행복'에 가깝다고 할 수 있습니다. 다만 '해피'하고는 조금 결이 다른 행복인 듯합니다. 실제로 해피는 '갖고 싶었던 책을 오늘 손에 넣었다'라든지 '슈퍼에 갔더니 먹고 싶었던 고기가 30퍼센트 할인 중이었다' 같은 단기적 행복을 말한다면, 웰빙은 중장기적 행복을 일컫는다고 합니다. "지금 와서 생각해보니 이쪽 팀에서 일할 수 있어 좋았어." 또는 "이 마을에서 사는 게 정말 행복해."처럼 서서히 다가오는 행복이라고 생각하면 이해하기 쉽겠지요.

그런 중장기적 행복을 느낄 수 있는 행동 중 하나가 바로 관계 맺기입니다. 누군가에게 도움을 주는 것뿐 아니라 프로젝트를 함께 한다거나 지역에 아는 사람이 있는 것 모두 훌륭한 관계 맺기입니다. 따라서 관계 맺기는 실제로 웰빙 지수를 높이는 하나의 요소라고 생각합니다.

"와줘서 기쁩니다."라든가 "이렇게 준비해 놓았는데 어때요?" 하면서 환대해주거나 지역이 자신을 인정해주고 자신의 존재를 순순히 받아들여 주는 그 순간, 사람은 자신이 여기에 있다는 '비잉(being)'의 감각을 최대한 느끼게 됩니다. '관계인구는 거울'이라는 이야기와 연결되지만, 자신이 인정받고 받아들여진다고 느낄 때 살아 있다는 안도감이 생기면서 행복으로 이어집니다. 지역에서는 그런 일이 종종 일어나는 듯합니다.

역할과 능력 발휘도 웰빙을 높입니다. 인정받지 못하거나 존재감이 없다는 불안은 심신에도 영향을 미칩니다. 그런 의미에서 지역과 관계를 맺거나 지역에서 역할을 찾거나 지역 주민이 인사를 걸어오는 일은 단기적 해피가 아니라 서서히 다가오는 중장기적 행복으로 이어집니다. 결국 관계인구와 웰빙은 가까운 곳에 공존하고 있는 셈이지요. 지역과 관계 맺는 행동은 관계인구 쪽에도 마찬가지겠지만, 관계인구를 맞이하는 쪽에도 서서히 다가오는 행복, 즉 웰빙을 높여가는 요소 중 하나로 자리 잡아 간다고 생각합니다.

덧붙여 말하자면 관계인구는 이동을 수반하는데, 사람은 이동하거나 자신이 사는 곳 외에 거점을 갖거나 아니면 연관된 지역이 있다면 웰빙 지수가 높아진다고 합니다. 건강과 행복을 새로이 생각해야 할 시대가 다가오고 있는 것이지요. 그런 상황 속에서 이동을 포함한 관계인구라는 이동 방식 자체가 개인과 지역을 행복하게 만드는 핵심이 되지 않을까 하고 예측해 봅니다.

끝으로 관계인구의 미래를 이야기해보겠습니다. 우선은 지금 지역과 관계 맺고 있는 어른들이 즐겁게 활동하는 모습을 다섯 살, 열 살 어린아이들이 많이 봤으면 좋겠습니다. 지역과 관계 맺기는 갓 볶은 커피를 내리거나 수제 맥주를 맛보는 것과 마찬가지로 당연한 라이프 스타일이 됐으면 합니다.

저는 대학 시절 UN에 들어가 국제사회에 공헌하는 일을 꿈꿨습니다. 동시에 '매거진 하우스'[22]에서 나오는 「뽀빠이」 에디터가 되느냐 아니면 낚시 가이드가 될 것인지를 함께 고민했습니다. 하지만 결국 봉사 활동 동아리는 포기했습니다. 미디어에서 비추는 봉사 활동은 헌신적이고 자기희생을 요구하는 일이라는 인상이 강해, 내가 과연 그 정도까지 할 수 있을지 자신이 없었습니다. 그런데 30년이 지난 지금을 보면, 제가 학교 다닐 때는 없었던 윤리적 패션이라든가 순환 경제 같은 사회 공헌 방식이 멋진 분위기를 풍기며 널리 퍼지고 있습니다.

지역과 관계 맺는 일도 그런 콘텐츠 중 하나로 인식하는 경향이 있어 보입니다. 매우 좋은 일이라고 생각합니다. 오자와 겐

---

22) 일본의 출판사로 '헤이본 출판사'에서 이름을 변경했다. 주간지 「헤이본 펀치」로 한 시대를 풍미했었고 「앙앙」을 비롯해 라이프스타일 잡지 「뽀빠이」를 비롯해 「브루투스」 「크루아상」 등 수많은 잡지를 발행하고 있다.

지[23)]의 음원 서비스를 구독하거나 믹스테이프를 만드는 감각과 마찬가지로 관계인구로서 지역을 다니는 일이 패션이나 문화생활을 즐기거나 또는 집에서 식물을 키우는 것처럼 가볍게 여겨지게 되길 바랍니다. 그런 마음으로 저는 오늘도 지역을 다니고 있습니다.

---

23) 小沢健二. 일본의 싱어송라이터이자 작가. 사회활동가로도 활동한다. 이른바 J-POP 시부야계 음악의 창시자로 알려져 있다.

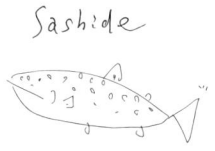

Sashide

제1장

━━

길 위에서 발견한 지역과의 연결고리

귀성, 지역과 관계 맺는 새로운 방식

제가 도쿄와 이중거점 생활을 하는 효고현 고베에는 '토어로드'라는 길이 있습니다. '이진칸 거리'와 '구 거류지'를 남북으로 잇는 언덕길입니다. 최근 고베 생활의 즐거움을 하나 찾았는데, 이곳 토어로드를 따라 자리했던 호텔을 무대로 축제 같은 나날을 그린 『고베·고베 속편(神戸·続神戸)』(신초샤)라는 소설입니다. 하이쿠 시인 사이토 산키(西東三鬼)의 작품으로 전전(戦前)과 전중 그리고 전후로 이어지는 전쟁의 시대 한복판에 활기 넘치는 소녀와 바 주인 마마를 비롯한 기묘한 외국인이 등장합니다. "정말 전쟁하는 거 맞아?" 하고 의심이 들 정도로 소동극이 매일 펼쳐지는데, 소설 속에 나오는 토어로드와 모토마치, 산노미야 일대를 걸으며 시공을 초월해 세계를 겹쳐 보는 재미에 빠져 있습니다.

모파상의 단편집 「두 친구」도 마찬가지입니다. 전쟁 중 프로이센 군대 포위 하의 파리에서 친구 둘이 재회하고는 술김에 낚시까지 하러 가게 됩니다. 프로이센군이 있는 곳까지 살금살금 다가가 낚시를 만끽합니다. 슬픈 결말이 기다리고 있지만, 함께 낚시를 즐긴 시간만큼은 느긋한 마음이었을 겁니다. 유사(有事) 시에도 즐거운 순간은 있는 법이지만 그런 그들의 모습에 애잔함을 느꼈습니다.

지금 우리는 '인구 절벽의 시대'에 살고 있습니다. 이런 기세로 인구가 줄어드는 선진국은 드문 경우로, 국제 경쟁에 밀리거나 세수 감소를 비롯해 후계자가 사라지는 등 여러 문제에 직면해 있습니다. 출병이 불가피했던 전쟁 당시처럼 지역에서 청년의 모습이 하나하나 사라지는 현상은 현대의 '유사시'라고 해도 무리가 없어 보입니다.

하지만 사이토 산키나 모파상이 썼듯이 유사시이기에 즐길수 있는, 생활의 틈새로 찾아오는 '순간의 행복' 같은 정경이 쇠락 일로의 '유사'에 접어든 지역에도 있지 않을까 싶습니다. "지방은 글렀어." 하면서 인상만 찌푸릴 게 아니라 즐거움을 찾으며 '유사'를 헤쳐나가야 한다고 생각합니다. 저는 지금 그런 태도로 지역재생이라는 과제를 마주하고 있습니다.

길 이야기를 해볼까 합니다. 제 고향은 군마현 다카사키입니다. 오봉[24]이나 신년 명절에 도쿄에서 귀성길에 오르는 건 그리 큰일은 아니지만, 이번에는 고베에서 가족과 함께 차로, 그것도 도메이고속도로[25]가 아니라 호쿠리쿠[26]로 돌아가는 경로에 도전했기 때문에 귀성 자체가 일대 행사가 됐습니다.

---

24) お盆. 우리의 추석이랑 비슷한 일본의 명절.
25) 東名高速道路. 도쿄에서 나고야까지 이어지는 고속도로. 일본의 고도성장시기를 지탱했던 도로다.
26) 北陸. 일본 혼슈 중앙부의 한국 동해에 면한 지역.

고베에서 오사카, 교토를 지나 비와호수 동쪽의 마이바라(米原)시 쪽으로 갔습니다. 그 후 호쿠리쿠고속도로를 타고 후쿠이현을 향했습니다. 그러다 '후쿠이현립 박물관'이 있는 가쓰야마(勝山)시로 빠져나갔습니다. 이번 귀성길 목표를 '배움'으로 정했기 때문에 가는 길에 보고 싶은 곳이 있다면 최대한 들르기로 했던 것이죠. 그곳은 공룡 팬들의 성지였습니다. 지역에 누구나 가보고 싶어 하는 박물관이 있다는 건 기쁜 일입니다. 저는 공룡을 특별히 좋아하지 않았지만 가보고서 굉장한 매력을 느꼈습니다.

다음 도착지는 도야마현 아사히마치(朝日町)의 히스이 해안[27]이었습니다. 일본의 국석(国石)은 비취인데 아사히마치 인근의 니가타현 이토이가와(糸魚川)시는 아시아의 비취 문화를 이끈 비취 산지로 유명합니다. 역사적으로도 교류가 활발했고, 귀한 물건을 생산한 지역입니다.

이토이가와에 있는 '포사 마그나[28] 뮤지엄'에도 들렀습니다. 포사 마그나는 라틴어로 '커다란 구덩이'라는 의미로 동일본과 서일본을 가르는(혹은 잇는) 단층입니다. 서쪽 가장자리를 '이토이가와-시즈오카 구조선(構造線)'이라고 부릅니다. 이른바 중일

---

27) 히스이(ヒスイ)는 비취를 뜻하며 말 그대로 에메랄드빛 바다와 자갈 해변이 아름다운 곳이다. 실제로 이 해안에서 비취 원석이 발견된다.

28) Fossa Magna. 동일본과 서일본의 지질학적 경계가 되는 지구대.

본 지역에 해당하고 후지산도 포사 마그나 안에 있습니다.

이토이가와-시즈오카 구조선을 따라가듯 남북으로 이어진 148번 국도를 달렸습니다. 미야모토 쓰네이치[29]의 『소금길』[30] 하고도 연결되는 길로 나가노현, 오타리무라와 하쿠바무라 오마치시 아즈미노시 마쓰모토시 시오지리시까지 이어집니다. 거기서 더 나아가 스와시와 야마나시현 호쿠토시와 고후시 그리고 시즈오카현 시즈오카시까지 이토이가와-시즈오카 구조선을 따라 자리하고 있습니다. 남쪽으로 이어지는 그 길을 오징어 먹물 반죽이 특징인 '이토이가와 블랙 야키소바'를 먹은 후 만족스러운 기분으로 신나게 액셀을 밟았습니다.

오가와 이토(小川糸)의 소설 『패밀리 트리』[31](포플러샤)의 무대이기도 한 아즈미노시의 '아즈미노 산악미술관'도 방문했습니다. 제가 좋아하는 잡지 「알프」(소분샤)에 초점을 맞춘 '알프의 친구들' 전시가 열렸기 때문이었죠. 「알프」는 구시다 마고이치 선생을 중심으로 쓰지 마코토 선생 등이 참여한 산을 주제로 한 잡지로 1960년대에 발간했었습니다. 당시에 80엔 정도 하는 비싼 잡지였어요. 특이하게 산을 오르는 법이나 등산 장비 같은 이

---

29) 宮本常一. 1907년 8월 1일~1981년 1월 30일 일본의 민속학자이자 사회교육가.

30) 『塩の道』 고단샤학술문고. (1985) 생활학의 선구자로 살아 온 미야모토 쓰네이치의 마지막 이야기로 '소금길', '일본인과 음식', '삶의 형태와 미' 3편이 수록됐다.

31) 『패밀리 트리』 알에치코리아. 2023.

야기는 없고, 산과 인간을 사색하는 글이 많았습니다. 그렇다고 진지하기만 한 건 아니고 유머도 있었습니다. 저를 포함해 「알프」를 응원했던 독자는 산을 정복하거나 소비하려 들지 않았던 사람이었습니다. 대중에게 인기 있는 잡지는 아니었지만 300호까지 이어졌지요. 전시한 「알프」의 모습을 보니 어쩌면 미디어는 다시 그런 느낌의 위치로 되돌아갈지도 모른다는 생각이 들었습니다.

「알프」의 세계관처럼 저는 아름다운 것을 좋아합니다. 아름답다는 말은 폭이 넓어 야키토리집 주인이 정성스럽게 구워준 간 꼬치도 아름답게 보일 때가 있습니다. 물론 옛 생각에 젖게 한다는 이유로 「알프」를 아름답다고 말한 건 아닙니다. 지금이야말로 이런 잡지를 만들어야 한다는 생각을 불러일으킨 것이지요. 숲과 강을 테마로 삼았던 「알프」. 그런 '알프'적 감성이 고스란히 담긴 아름다운 잡지를 만들고 싶습니다.

저는 낚시하러 가면 혼잣말로 중얼거리는 일이 많고, 강에서 나올 때는 "다음에 또 올게."라든가 "감사했습니다." 하면서 허리 숙여 인사하기도 합니다. 산과 강을 의인화한 것인데 그런 감각을 「알프」에서 얻었습니다. 산이 만들어내는 세계 자체를 의인화한다고 할지 산에 내맡긴다고 할지 모르지만, 나뭇가지 흔들리는 소리에 귀를 기울이거나 뿔호반새가 날아오는 순간을 포착한다거나 반달가슴곰을 만나는 등 자연과 생생하게 대면하

면 산과 강이 살아 있다는 느낌을 받습니다. 그런 생생한 자연을 마주하는 순간에 태어난 듯한 「알프」의 언어와 세계관에 포섭돼 "다음에 또 올게."라고 나도 모르게 중얼거리게 된 것인지도 모르지요.

군마 사람은 "이쿠(行く, 가다)"를 "이구(行ぐ)"라고 말합니다. 아마 챗GPT도 모를 '이구'라는 말이지만, 군마에 가서 현지인과 이야기해보면 반드시 '이구'라는 말을 듣게 됩니다. 챗GPT가 알려주는 군마현 정보를 머릿속에 넣고 군마를 안다고 생각해도 '이구'에는 못 당합니다. 하지만 그런 언어의 반란이 남아 있는 사회가 더 풍요롭다고 생각합니다. 「알프」의 문장에도 그런 풍요로움이 담겨 있습니다.

아즈미노에서는 '다부치 유키오(田淵行男) 기념관'도 방문했습니다. 사진작가이자 생물학자이기도 한 다부치 선생이 그린 나비와 산을 촬영한 작품을 보면서 산과 환경이 제게 얼마나 소중한지 새삼 느낄 수 있었습니다.

아즈미노를 떠나 가루이자와(軽井沢)의 중고서점 '오이와케 콜로니'에 들렀더니 놀랍게도 나에게는 없는 100호 이전의 「알프」가 놓여 있었습니다. 기쁜 마음에 구매해 펼쳤더니 아즈미노에서 보고 온 정경이 오버랩됐습니다.

지금까지 귀성길에 들렀던 장소와 그곳에서 느낀 단상을 나열해봤습니다. 요즘 젊은 사람들 사이에서 귀성이라는 말이 유행하는 듯합니다. 「소토코토」 2023년 3월호에서 '초(超)귀성'을 소개한 적이 있습니다. 초귀성은 고향에 갈 때 친구를 데려가 고향 사람과 친구를 연결해 '관계인구'로 만드는 활동을 말합니다. 귀성을 지역 활성화와 연결 지은 재미있는 시도라고 생각합니다.

한편, 주에쓰 지진으로 큰 피해가 있었던 니가타현 야마코시무라는 인구가 약 800명에 불과한 이른바 한계마을이지만, NFT[32]를 발행하고 있습니다. 검색해 보면 자세한 내용을 알 수 있지만, 이곳 NFT는 '전자주민등록증' 기능도 겸하고 있어 구매하면 야마코시무라의 '디지털 주민'이 될 수 있습니다. 디지털 주민은 2023년 7월 기준 약 1,100명으로 지역 활성화에도 일익을 담당하고 있습니다.

채팅 앱 '디스코드'에서 디지털 주민과 실제 주민의 교류도 이뤄지고 있습니다. 특히 디지털 주민의 야마코시무라 방문을 '귀성'이라고 부르는 점이 인상적입니다. 이미 300명 이상이 귀성으로 다녀갔다고 합니다. 이처럼 귀성은 그동안 조용히 도시와 지역 간의 접점을 만들면서 새로운 지역과 관계 맺는 하나의 방법으로 자리 잡고 있습니다.

---

32) Non Fungible Token(대체 불가능 토큰)의 약칭으로 블록체인 기술을 활용해 만든 암호화폐를 일컫는다.

옛길에서 마주치는 '세렌디피티'

지난 2023년, 야마가타현 오구니마치(小国町)의 관계인구 강좌 '시로이모리 지속가능디자인 스쿨'에서 메인 강사를 맡았었습니다. 오구니마치는 도쿄 23구에 맞먹는 면적의 숲이 펼쳐져 있고 너도밤나무숲도 볼 수 있는 곳입니다. 그런 오구니마치의 오리토(折戸)라는 지역에는 산을 좋아하는 사람에게 알려진 길이 있습니다. 옛날에 니가타현 미오모테 촌락이 있었던 오쿠미 오모테 댐으로 이어지는 길입니다.

요즘 미오모테 촌락이 댐 건설로 수몰되기까지 현장조사를 했던 다구치 히로미(田口洋美) 선생이 젊은 시절에 쓴 『신편 에치고 미오모테 산사람 이야기(新編越後三面山人記)』(야마토케이코쿠샤)를 읽고 있습니다. 사냥꾼이 곰을 잡거나, 옷감을 짜고 통나무배를 만드는 등 촌락민의 산중 생활 이야기를 기록한 책인데 그 시절에 길이 어떤 역할을 했는지도 잘 알 수 있습니다.

책에 등장하는 길은 두 가지입니다. 하나는 니가타현의 조카마치[33]인 무라카미(村上)시로 가는 길이고, 또 하나는 다른 현인 오구니마치로 물건을 팔거나 교환하러 가는 길입니다. 오리토 길은 일부 구간을 걸어본 적이 있어서 '아! 그런 길을 오가며 경

---

33) 城下町. 전국(戦國)시대 영주의 성을 중심으로 형성된 중심 시가지.

제와 문화를 일궈냈구나' 하면서 책에 나오는 그곳 땅의 역사를 떠올리곤 했습니다.

지금은 레이와[34] 시대를 지나고 있지만, 일본 각지에서는 지금도 쇼와(昭和)나 다이쇼(大正) 심지어 메이지(明治)시대의 길을 볼 수 있습니다. 국도를 닦기 전까지 존재했던 산길이나 고개인데, 이런 길을 중심으로 같은 성씨끼리 모여 살면서 혼례를 치르러 길을 나서거나 멀리 떨어진 지역을 방문하면서 문화를 공유해왔습니다. 지금이야 신칸센으로 도쿄에서 고베를 당일치기로 다녀올 정도로 교통이 발달했지만, 『신편 에치고 미오모테 산사람 이야기』에 등장하는 사람들에게 무라카미나 오구니까지의 외출은 보통 일이 아니었습니다. 사나흘이 걸리는 여정을 반복해야 했지요.

그것에 비하면, 요즘은 옛사람들이 꿈에서도 상상하지 못할 정도의 이동을 당연히 여기고 있습니다. 하지만 속도를 얻은 대신 우리가 놓치고 있는 것도 많다고 생각합니다. "그렇게 하는 게 가성비가 낫잖아." 또는 "시간 대비 효율은 어때?"라며 시간을 따지며 생활하지만, 정말로 가성비가 좋은 건지 고개를 갸웃할 때도 많습니다. 30km 정도의 산길을 사흘에 걸쳐 왕복하며 타지 사람과 관계를 맺는 일과 잃어버린 물건을 찾기 위해 당일치기로

<hr>

34) 令和. 2019년을 원년으로 삼아 같은 해 5월 1일부터 지금에 이르는 일본의 연호.

도쿄에서 고베를 왕복하는 것 중 어느 쪽 가성비가 좋은 걸까요? 가장 빠른 최단 루트보다 멀리 돌아가는 옛길에서 얻는 게 더 많다고 느낄 때가 있습니다. 빠르고 싸다 해서 무조건 좋은 건 아니니까요.

저는 되도록 빠른 길을 선택해 회의 장소나 지역에 가려고 하는 편입니다만, 소토코토의 젊은 스태프는 저와 반대로 가장 저렴한 경로를 찾는 걸 보고 순간 무릎을 탁! 쳤습니다. 싸게 가면 도쿄에서 오사카까지 6~7시간이나 걸리지만, 혹시 그 시간 속에는 경로 알고리즘에는 나타나지 않는 어떤 만남이 숨어 있지는 않을까 싶었습니다. 효율을 따지려고 구글에 맡긴 후 차를 몰면, 터무니없이 좁은 길로 안내하는 경우가 많습니다. 구글의 길 안내는 '최단 거리로 빠르게'가 목표이니 당연한 일이겠지요. 하지만 운전자는 난감합니다. 스쿨존으로 안내하기도 하지요. 이것만이 정답이라는 말은 아니지만, 멀리 돌아가는 옛길이라도 실제로 가본다면 얻는 게 많을지도 모릅니다. 앞의 책 이야기하고도 통하지만, 시간 여유가 있다면 '노조미'[35]보다는 '히카리'나 '고다마' 쪽이 좋을 것 같습니다. 특히 도카이도선 고다마를 타면 정차하는 역마다 옛 모습 그대로의 좋은 가게가 많이 남

35) のぞみ. JR 신칸센 차량 중 하나. 도카이도 신칸센, 산요 신칸센으로 운영한다. 도카이도 신칸센과 산요 신칸센에는 노조미 말고도 히카리(ひかり)와 고다마(こだま) 차량도 있다.

아 있습니다.

술과 안주를 주로 다루는 출판사 편집장이 고다마가 다니는 철로 주변의 좋은 가게를 소개하는 책을 냈길래 읽어본 적이 있습니다. '과연!' 소리가 절로 났습니다. 평소라면 그냥 지나쳐버릴 역이지만, 역에 내려 조금만 걸으면 형언할 수 없을 정도로 엄청나게 맛있는 동네 중국집을 발견하기도 하니까요. 그런 가게를 만나고 싶은 마음이 로컬로 발걸음을 옮기게 합니다. 로컬은 원래 '각역 정차(완행)'를 이르는 말입니다. '익스프레스(급행)'만 탈 게 아니라 로컬, 다시 말해 각역 정차를 타면 지역을 더 선명하게 볼 수 있고, 자신의 경험치도 올릴 수 있지 않을까 싶습니다.

『신편 에치고 미오모테 산사람 이야기』에 나오는 지방의 산길을 걷다 보면, 동물을 마주치는 일이 종종 있습니다. 얼마 전 여름 태양이 기승을 부리던 날, 후쿠시마현 다무라(田村)시의 산골 자갈길을 걷는데 몇 마리의 '한묘우'[36]가 눈앞에 나타났습니다. 나와의 거리를 일정하게 유지하면서 날개를 펼치고 날거나, 길에 내려앉아 걷거나 하는 모습을 보니 왠지 정겹기까지 했습니다. 한묘우는 사람이 걷고 있으면 마치 안내하는 듯이 앞서 날거나 걷는 습성이 있는 곤충입니다. 그래서인지 '길 안내인'이라고도

---

36) 일본 열도에 서식하는 딱정벌레과 곤충으로 한국에서는 '참길앞잡이'라고 부른다. 학명은 Cicindela japonica.

부르는데, 왜 인간을 따라오는지 이유는 모르겠습니다.

도호쿠 지역 어느 촌락에 갔다가 산속으로 들어가는 커브 길에서 아기곰과 마주친 일도 있었습니다. 또 올해(2023년) 들어서는 반달가슴곰을 두 번씩이나 만났습니다. 사람이 만든 길을 아랑곳하지 않고 걷는 아기곰의 모습을 보니 "종종 이용해 줘."라고 말하고 싶은 충동이 일었습니다. 물론 자극하지 않도록 조심해야겠지만.

로드사이드의 멋쟁이 학생들

'후쿠시마 미래창조 아카데미'라는 수도권 거주자와 후쿠시마 12개 시정촌의 관계 맺기를 구상하는 관계인구 강좌가 있습니다. 메인 강사를 맡은 터라 소소(相双)지역(하마도리 중북부 지역)을 방문할 기회가 있었습니다. 6번 국도를 차로 오갔는데, 6번 국도는 동일본 대지진이 발생했을 때 쓰나미와 원자력 발전소 사고로 풍경이 크게 바뀐 곳입니다. 그로부터 12년이 지났지만, 지금도 텅 빈 땅과 철거 예정인 건물이 혼재해 있습니다. 로드사이드[37]에 남아 있는 의류 브랜드 매장 건물을 유리 너머로 들여

---

37) ロードサイド(Roadside). 가로변이라는 뜻이지만, 일본에서는 대형 쇼핑몰과 부대

다보니 선반에는 당시 모습 그대로 의류 제품이 진열돼 있었습니다.

6번 국도를 타고 이동하는데, 동승한 오쿠마마치(大熊町) 주민센터 여성 공무원이 "아! 저기가 「스즈메의 문단속」에 나왔던 주유소예요."라고 알려줬습니다. 「스즈메의 문단속」은 신카이 마코토(新海誠) 감독의 애니메이션 작품인데, 저는 군마현 출신이라 작품 속에 나오는 길이나 로드사이드 풍경에 감정이 솟아오르더군요. 학교나 직장을 오가는 길에는 그곳 마을 사람의 마음이 녹아 있다고 생각합니다. 저마다 아침저녁으로 자전거나 자동차를 타고 오가다 보면, 이런저런 마음을 곱씹게 되는데 결국 그런 그들의 마음이 길에 쌓이게 되는 것이지요. 그 주민센터 공무원뿐 아니라 오쿠마마치 모든 이의 삶과 기억 속에는 6번 국도의 로드사이드 풍경이 새겨져 있을 겁니다.

저에게 청춘의 길은 17번 국도와 18번 국도입니다. 고등학교를 졸업하자마자 면허를 땄는데, 그게 너무 기뻐서 밤이 되면 마에바시(前橋)나 안나카(安中)를 향해 시동을 걸었습니다. 물론 아무 목적도 없이 차를 몰았지요. 아무것도 하지 않고 다카사키로 되돌아오고는 했는데, 기억이 새롭습니다. 길은 그저 이동을 위한 시설이 아닙니다. 뭔가를 생각하고 느낄 수 있는 장소로 일상

────────────────

시설이 늘어선 간선도로변을 말한다.

의 생각이 오가는 곳이자 때로는 감상에 젖게 만드는 곳이기도 하니까요.

로드사이드 이야기를 해볼까요. 평론가 미우라 아쓰시(三浦展) 선생은 그의 저서 『패스트 풍토화하는 일본(ファスト風土化する日本)』(요센샤)에서 패스트푸드를 빗대 '패스트 풍토'라는 말을 썼습니다. 지방 도시의 로드사이드에는 쇼핑센터를 비롯해 패스트푸드점, 패밀리 레스토랑, 의류 매장, 가전제품 매장 그리고 노래방 등 어디나 똑같은 대형 상업 시설이 늘어서 있습니다. 이처럼 지역의 고유한 풍경이나 풍토가 사라지고 균질하게 바뀐 상태를 지적한 말이지요. 정말 맞는 말이라고 생각합니다. 예전에 니가타현 사도시마(佐渡島)에 갔었는데 한껏 멋을 낸 중고생 무리가 '패스트 풍토화'한 로드사이드를 걷고 있었습니다. 그런데 그 모습이 너무 신선해 인상에 남아 있습니다.

젊은이들이 멋지게 차려입고 '패스트 풍토'를 즐겁게 걷는 풍경이 어쩌면 지금 로컬의 모습일지도 모르겠다는 생각이 들었습니다. 전국의 로드사이드에 있는 대형 중고서점만을 찾아다니는 젊은이를 만난 적이 있는데, 이유를 물으니 "지역마다 판매하는 책이 다르고, 같은 책이라도 가격이 다르기도 해서 찾아보는 재미가 있어요."라고 하더군요. 제가 로드사이드의 대형 낚시용품점을 갈 때마다 느꼈던 재미랑 크게 다르지 않았습니다. 같은 체인이지만, 그 지역에서만 잡히는 물고기에 특화한 도구를 판매하는 등 독자성을 엿볼 수 있는 대목입니다. 점포 외관은 어디나 똑같지만 매장 안은 나름의 오리지널리티가 있는 것이지요.

한껏 치장한 학생들이 마을을 즐기듯이 그런 자세로 로드사이드의 현재 모습을 전하고 싶습니다. 동시에 '패스트 풍토'화한 지역에 개성 넘치는 '미치노에키'[38]를 만든다면 새로운 지역 커뮤니티가 생겨날 수 있지 않을까 하는 생각도 해봅니다. 시바 료타로[39]의 『가도를 걷다(街道をゆく)』(아사히신문출판)에 나오는 길처럼 로드사이드 이면에 나란히 이어지는 옛길을(나는 니가타현 조에쓰시 다카다에 있는 겐기길[40]이나 제설 파이프로 눈이 녹아있듯이 차분하게 가라앉은 길을 좋아하지만) 현지 젊은이들이 멋 부리며 걷는다면 힙한 분위기가 되지 않을까 은근히 기대해봅니다.

지방 청소년 이야기를 했더니 과거 에피소드가 떠오릅니다. 삭발이었던 시절, 대학에 합격해 다카사키를 떠나 도쿄로 가게 됐을 때 이야기입니다. "내가 말이야, 이런 거 읽는 사람이거든!" 허세 부리고 싶은 마음으로 「스튜디오 보이스」[41](유코쓰신)를 구

---

38) 미치노에키(道の駅). 미치노에키는 말 그대로 '길의 역'으로, 주로 간선도로와 지역의 국도가 만나는 로드사이드에 위치한 경우가 많다. 휴게소 역할뿐 아니라 지역 특산품을 팔기도 한다.

39) 司馬遼太郎(1923년 8월 7일~1996년 2월 12일). 일본의 국민작가. 대표작으로 『료마가 간다』가 있다.

40) 니가타현 다카타의 겐기도오리(雁木通り)를 의미하는데, 겐기(雁木)는 겨울철 통로를 확보하기 위해 가옥의 일부나 차양 등을 도로 쪽으로 연장한 것을 말한다.

41) STUDIO VOICE. 1976년 9월에 창간한 일본의 월간 컬처 매거진으로 유행통신사

독했었어요. 도쿄에 사는 또래들은 모두 이 잡지를 읽고 서브컬처에도 해박하리라고 생각했던 것이지요. 그런 그들에게 지고 싶지 않아 지식 무장을 한 겁니다. 그런데 막상 도쿄에 살아보니 그런 잡지를 보는 사람은 지방 출신 친구들뿐이었습니다. (웃음)

그때 도쿄의 환상 하나가 깨졌지만, 여전히 도쿄는 멋진 도시라고 추앙하고 있었기 때문에 거기에 걸맞은 사람이 되고 싶었습니다. 그래서 선택한 게 얼터너티브였습니다. 그중에서 비트닉이 너무 멋졌습니다. 심지어 비트닉을 좋아하는 여학생들까지 세련미가 있다고 느낀 나머지 그녀들 앞에서 "비트, 좋지!"라는 대사를 내뱉고 싶어졌습니다. 그런 마음에 잭 케루악의 『온 더 로드』(가와데쇼보신샤)나 앨런 긴즈버그의 『긴즈버그 시집』(시초샤)도 읽고, 영화도 보러 다녔습니다. 하지만, 막상 내가 꽂힌 건 비트닉과 선을 긋는 리처드 브라우티건이었습니다.

후지모토 가즈코(藤本和子) 선생이 번역한 『미국의 송어낚시』[42](신초샤)에 이어 『수박설탕의 나날』[43](가와데쇼보신샤)의 아름다운 글에도 매료됐습니다. 문장으로 이미지를 상상하게 할 수 있다는 사실을 접한 귀중한 독서였습니다. 도쿄에서도 지낸 적이 있

에서 발행하고 있다.

42) 『アメリカの鱒釣り』(新潮社), 한국어판 제목은 『미국의 송어 낚시』(비채. 2013).

43) 『西瓜糖の日々』(河出書房新社), 한국어판 제목은 『워터멜론 슈거에서』(비채. 2024).

는 브라우티건은 슬픈 결말로 세상을 떠났지만, 브라우티건의 산문 덕분에 미국 서해안의 카운터 컬처를 점점 좋아하게 됐습니다. 당시 멋지게 보였던 아웃도어 붐에 빠져든 건 물론이었지요. 결국 야마토케이코쿠샤가 발행하는 잡지 「아웃도어」 편집부에 들어갔습니다. 그런데 모두 브라우티건을 읽은 것도 아니고, 비트를 좋아하지도 않았습니다. 그저 산과 자연을 좋아할 뿐이었죠. 그런 선배들에 둘러싸여 편집자로 성장해 나갔습니다.

미치노에키에서 찾은 이중거점 사고

지역의 외부인과 그곳에 사는 사람을 연결하는 시설을 '관계 안내소'라는 이름을 붙여 알리고 있습니다. 단순히 관광명소를 소개하는 관광 안내소와 달리 사람과 사람 사이에서 관계가 일어나도록 기회를 제공하는 장소를 말합니다. 관계 안내소를 거점 삼아 사람과 지역, 그리고 문화가 서로 관계를 맺으면서 관계인구로 나아가게 되지요.

관계 안내소는 고택을 리모델링한 북카페나 게스트하우스처럼 작은 곳이 적합하다고 생각했었는데, 최근에는 관계 안내소가 대형화하는 추세에 있으며 미치노에키도 관계 안내소의 기능을 추가하고 있습니다. 고치(高知)현 시만토(四万十)시의 미치노에키 '욧테니시토사'는 2층에 편안하게 쉴 수 있는 커뮤니티 공간을 마련했는데, 그곳에 가보고 바로 느낄 수 있었습니다.

하지만 앞으로 미치노에키가 지역에서 사회혁신을 일으켜 마을 만들기나 관계인구를 확산하는 데 얼마나 도움을 줄지 아직 알 수 없습니다. 주변을 보면 적극적 성향의 사람이 있고, 사교성이 좋은 사람도 있고 또 수줍음이 많은 사람 등 다양한데, 미치노에키는 어쩌면 수줍음 많은 사람에게는 마음 편한 장소일지도 모릅니다. 따라서 지역을 응원하고 싶어도 직접 소통하거나 깊게 들어가는 데 서툰 사람은 이곳에서 지역 특산품을 사거나 현지 음식을 맛보는 식으로 가볍게 지역과 관계 맺을 수 있습니다. 누군가의 강요를 받지 않고 또 누군가와 대화를 나누지 않더라도 지역을 접할 수 있겠지요. 이런 측면에서 볼 때, 미치노에키는 새로운 형태의 관계 안내소가 될 수 있다고 생각합니다.

흔히 "지역 활성화를 위해 찾아주는 사람이 늘고 있어요." 하면서 좋아하기 쉽지만, 사실 지역을 멀리서 지켜보는 사람이 더 많습니다. 아무 말 없이 조용히 지역을 지켜보며 계속 응원할 수 있는 서비스로도 미치노에키는 역할을 다하고 있는 것이지요.

미치노에키 욧테니시토사의 디자인에 참여한 사람은 사코다 쓰카사(迫田司) 씨입니다. 니시토사에 사는 사코다 씨의 집 외부는 고택인데, 내부는 시모키타자와(下北沢)에 있는 가게를 옮겨 놓은 것처럼 팝 문화 분위기를 물씬 풍기고 있었습니다. 가보면 과연 무엇이 로컬이고, 무엇이 도시인지 좋은 의미로 말해 머릿속에 혼돈의 세계가 펼쳐집니다. 그의 멋진 세계관을 엿볼 수 있는 대목입니다.

사코다 씨는 우메바라 마코토(梅原真) 씨를 비롯해 고치현의 로컬 디자인을 이끈 디자이너 중 한 사람이라고 생각합니다. 미치노에키에서 판매하는 상품도 여럿 디자인했는데, 활기가 넘치고 사람의 숨결을 느낄 수 있어 모두 사고 싶어집니다. 이처럼 로컬 디자이너의 노력이 없었다면, 멋진 공간과 상품 그리고 서비스를 갖춘 미치노에키가 많이 생겨날 수 없었겠지요. 미치노에키에서 무언가를 살 기회가 있다면, 그 지역 디자인에 눈을 돌려 보시기 바랍니다. 지역을 즐기는 재미가 더해질 것입니다. 참고로 저는 대만 출신 홍시우위안(洪秀媛) 씨가 니시토사에서 운영하는 이자카야 '타이페이'의 고추기름 시리즈를 꼭 사갑니다.

이번에는 다른 미치노에키 이야기를 해볼까요. 고베에서 차로 1시간 반 정도 북쪽으로 달리면, 단바(丹波) 시에 도착합니다. 그곳에 '아오가키'라는 미치노에키가 있는데, 건물 안에 '단바 직물 전승관'을 만들어 놓았습니다. 단바 직물은 실을 뽑고, 짜고 또 천연염색까지 모든 과정을 수작업으로 하는데, 메이지 시대 말기까지 농가 사람들이 직접 짰다고 합니다. 쇼와시대 초기 야나기 무네요시(柳宗悦) 선생이 긴키(近畿) 지방의 천을 조사하다 소박하지만 아름다운 격자무늬 천을 발견하고는 산지가 어디인지 알아봤더니 그곳이 바로 아오가키였습니다. 하지만 만들 사람이 없어 더 이상 생산하지 않는 걸 알고는 복원한 것이지요.

전승관을 둘러본 후 직판장으로 발을 옮겼는데 꽃이 매우 인상적이었습니다. 서너 가지 종류의 꽃을 묶은 예쁜 꽃다발이었는데, 300엔도 안 되는 매우 싼 가격으로 팔고 있었습니다. 그래서는 남는 게 없겠다고 생각했는데 아내가 말하길 "꽃이 예쁘게 피어 기쁜 마음으로 나눠주고 싶었던 게 아닐까?"라는 겁니다. 그때 미치노에키는 단순히 지역 산물을 판매하는 곳이 아니라 살면서 느끼는 삶의 충만함이나 행운 같은 것을 다른 사람에게 전해줄 수 있는 장소이기도 하다는 사실을 깨달았습니다. 꽃을 가져온 사람은 "워낙 많이 피었길래요."라는 식으로 넘어갈지도 모르겠지만, 그 꽃다발에는 기쁨을 전하고 싶은 마음이 담겨 있다고 생각했던 모양입니다. 드라이브 겸 지역에 갔다가 우연히 들른 사람과 그 지역에 사는 사람이 꽃을 매개로 다정함을 주고받았다고 생각하자 미치노에키는 단순한 소비의 장이 아니라 옛날처럼 물건을 교환하면서 마음이 통하는 장소가 되고 있다는 느낌이 들었습니다.

마지막으로, 미치노에키가 저에게 어떤 장소인지 말해보겠습니다. 휴가를 얻으면 도호쿠 신칸센 역에서 렌터카로 산속으로 들어가 계곡에서 송어를 낚습니다. 매우 소중한 시간이지요. 낚시하러 가면, 낚싯대만 있어도 잘 잡히는 물고기와 기술적 장비가 없으면 낚기 어려운 물고기가 있는데 송어는 후자에 속합니다. 낚싯대 세 종류에 여분의 릴은 기본이고 여기에 가슴 장화를 비롯해 미끄럼 방지 가죽 신발, 수십 종류의 털바늘을 넣을 수 있는 조끼, 수중안경 등이 필요하지요. 낡은 보스턴백에 넣어 이동하는데 짐의 양이 상당합니다.

낚시에 열중하다 보면 어느새 차 트렁크는 온갖 장비가 나뒹굴게 됩니다. 신칸센을 타고 도쿄로 돌아갈 시간이 되면 하나하나 정리해야 합니다. 정리하는 장소가 바로 미치노에키입니다. 건물에서 가장 멀리 떨어진 주차구역에 마음 편히 차를 세우고는 그날의 낚시 결과를 돌아보면서 정성스럽게 짐 정리를 시작하지요. 이 시간이 무척 좋습니다. 등에를 피하느라 고생하긴 하지만, 아름다운 너도밤나무숲 계곡에서 보석처럼 귀한 곤들매기를 낚고 땀범벅이 된 채 차를 몰고 미치노에키에 도착합니다. 티셔츠를 갈아입고 상쾌한 기분으로 짐을 정리한 후 나에게 주는 선물로 그 지역 전통주 한 병을 삽니다. 그리고는 신칸센 역으로 출발!

다시 말해 그곳은 단순한 주차장이 아닙니다. 잠깐 머무는 동안 사색에 잠기기도 하니 제게는 정말 중요한 장소입니다. 지역의 활기를 되찾기 위해 새로운 건물을 짓는 일도 필요하지만, 누구에게도 방해받지 않는 미치노에키의 주차장 공간도 필요한 법입니다.

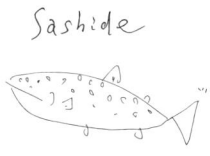

Sashide

제2장

▬

사람과 마을을 두근거리게 하는 로컬 프로젝트

TROUT HOLICS와 핑크 자전거

　대학 4학년 때 영국에서 1년 정도 유학한 경험이 있습니다. 돌아와 오랜만에 군마의 친구들과 낚시하러 갔을 때 이야기입니다. 당시에 저는 친구들과 낚시를 즐기고는 했는데, 낚시의 즐거움을 전하고 싶은 마음에 직접 디자인까지 해서 스티커를 만들어 나눠준 일이 있습니다. 그저 웃고 있는 모습의 오렌지색 물고기 일러스트에 'TROUT HOLICS'라는 문구를 넣은 타원형 스티커였습니다. 영국에서 막 귀국한 터라 당시 영국에서 유행했던 '무슨 무슨 홀릭'이라는 표현을 가져와 낚시광임을 강조한 것이지요. 그리고 '100% NATURAL'이라는 문구도 달았습니다. 일본 광고에서 '100% 오렌지주스'라는 식으로 높은 순도를 강조하는 것처럼 말이지요.

　그렇게 완성한 스티커를 고교 시절부터 타던 핑크색 자전거에 붙였습니다. 그 자전거는 「뽀빠이」에서 공모한 이벤트 상품으로 나왔던 자전거였어요. 그렇다면 나 같은 시티 보이[44]가 (웃음) 꼭 당첨돼야 한다는 생각에 손으로 엽서를 써서 응모했지만 떨어지고 말았습니다. 그런데 그 자전거를 만든 매장에서 연락

---

44) 패션과 라이프스타일을 다루는 잡지 「뽀빠이」는 라이프스타일로서 '시티 보이'를 제안했고, 패션 디자이너 하세가와 아키오(長谷川昭雄)가 '시티 보이 룩'을 완성했다.

이 온 겁니다. "차점자에게는 특별가로 판매하려고 하는데 관심 있으세요?"라고 말이지요. 바로 샀습니다. 그런데 그런 일이 있었다는 것조차 잊어갈 무렵, 친구와 오랜만에 낚시하러 갔는데, 글쎄 친구는 여전히 스티커를 붙이고 있더라고요. 너무 반갑고 기뻤습니다. 그때 만들길 잘했다는 생각이 들었습니다. 지금이야 스티커의 색이 바래 거의 보이지 않게 됐지만, 그것이 제가 최초로 벌인 프로젝트입니다.

아웃도어와 낚시를 다루는 잡지사 편집부로 입사하고 몇 년 지난 1995년 무렵의 일입니다. 우편이나 국제전화로 영국과 미국의 낚시용품점에 연락해 70년대 앤티크 낚시도구를 주문하고는 했는데, 꽤 즐거운 일이었습니다. 그런 취미를 위해 중고교 시절 열심히 영어를 익혔나 봅니다. 여하튼 일본에는 수입되지 않은 희귀한 낚시용품 또는 일본에 있는 것이더라도 제가격의 4분의 1수준으로 구할 수 있었습니다.

취재로 미국 출장을 가게 되면, 개인적으로도 좋아하는 분야라 취재 삼아 LA나 시카고 또는 플로리다의 윈터헤이븐 같은 중서부나 남부 다운타운의 아웃도어 매장이나 낚시용품점을 방문해 기사로 쓰는 일이 많습니다. "이런 거 있어요?" 하고 물으면, 주인은 "잠깐만 기다려봐." 하면서 가게 안쪽에서 70년대에 생산한 낚싯대나 릴을 꺼내옵니다. 그러고는 "오래된 물건이니까 싸게 줄게." 하면서 물건을 보여줍니다. 그런 거래가 즐거워 여러 가게를 돌다 보면, 일본에는 들어오지 않았던 80년대 파타고니아 플라이 낚시 셔츠의 데드스톡[45]을 발견하기도 합니다. 마음을 설레게 하는 물건들을 싸게 구할 수 있어서 개인적으로 미국에 갈 일이 있을 때도 작은 낚시용품점이나 아웃도어 매장에 꼭 들릅니다. 데드스톡이 있을지도 모르니까 말이지요.

한번은 LA의 어느 작은 낚시용품점에 갔는데 전단 하나가 눈에 들어왔습니다. 자세히 들여다 보니 'mini meet'이라고 적혀 있는 겁니다. 뭔가 싶어서 점원에게 물어보니 "필요 없는 물건을 팔거나 교환하는 작은 이벤트예요."라고 알려주더군요. 하지만 머무는 동안 그 행사에 가보지는 못했습니다. 대신 일본에 돌아가면 직접 열어봐야겠다고 마음먹었습니다.

겨울에는 날씨가 추워 캠핑이나 낚시할 기회가 적어 독자들도 '뭐 재미있는 일 없나?' 하고 두리번거릴 듯해 mini meet을 열기로 했습니다. 적당한 시기라고 판단한 것이지요. 취재하다 친해진 야마나시현 사이코(西湖) 캠핑장 주인에게 바로 연락해 "낚시나 아웃도어 좋아하는 사람들이 각자 자신의 장비를 가져와 판매하거나 교환하는 플리마켓을 열고 싶은데 괜찮을까요?" 하고 물으니, 겨울에는 손님이 적으니 꼭 오라며 흔쾌히 승낙해

---

45) 주로 패션계에서 사용하는 말로 단종돼 더 이상 판매하지 않는 오리지널 제품을 말한다. 'dead stock'이 아니라 'deadstock'이라고 표기한다.

주셨습니다. 그래서 잡지 말미에 작게 "mini meet이 있으니 꼭 오세요."라고 공지를 내보냈더니 10명 정도가 참여하고 싶다며 편집부로 연락을 해왔습니다.

시간이 지나 드디어 행사 전날이 됐습니다. 편집부 스태프와 마켓 참가자들은 미리 캠핑장에 모여 산장에서 즐겁게 술을 마시며 낚시 장비 이야기를 나누다 잠들어버렸습니다. 그런데 아침 5시인가 6시쯤이었을까요. "사시데 씨 큰일났습니다!"라며 동료 한 명이 사색이 돼 새벽잠에 푹 빠진 저를 말 그대로 두들겨 깨우는 겁니다. "지금 수백 대의 차가 행사 시작을 기다리고 있다고요!"라고 외치면서 말이지요. 그 말에 놀라 잠이 확 달아나버렸습니다. 사이코 캠핑장에서 가와구치코(河口湖)로 이어지는 길에 터널이 있는데 그곳까지 차량 행렬이 이어질 정도의 긴급 상황이 발생한 겁니다.

우리는 황급히 밖으로 뛰어나가 기다리던 차 한 대 한 대마다 "죄송합니다. 지금 바로 주차장 문을 열겠습니다!" 하면서 사과했습니다. 낚시와 아웃도어를 사랑하는 사람끼리 느긋하게 장비 이야기를 즐겁게 나눌 수 있는 분위기면 좋겠다고 생각했는데, 예상을 뛰어넘는 인원이 찾아와 대성황을 이뤘지요. 이것이 로컬 프로젝트로서 저의 첫 체험이라고 할 수 있습니다. 행사를 마련할 때, 행정이나 기업처럼 면밀한 계획을 바탕으로 진행하는 것도 중요하지만, 동료와 호기롭게 "한번 해보자고!" 하는 식으로 시작하는 프로젝트도 충분히 즐거울 수 있습니다.

타인의 프로젝트에 참여하는 즐거움

면밀하게 계획을 세워 진행한다는 게 어떤 의미인지 알게 해
준 경험도 있습니다. 바로 대학 시절 산악부 활동인데, 제가 나
온 학교에는 낚시동아리가 없어 산악부에 들어갔던 겁니다. 산
에 가면 송어낚시도 할 기회가 있겠지 하는 속셈이었지요. 실제
로 1학년 여름방학 때 야마가타현 아사히연봉(朝日連峰)[46] 종주
를 위한 합숙 훈련이 있었는데, 그곳에는 야구치 다카오의 만화
『낚시광 산페이』에 나오는 'O연못의 다키타로'라는 전설의 물
고기가 사는 오토리이케(大鳥池)가 있었습니다. 선배가 "올해는
오토리이케에서 캠핑이다."라고 말했을 때, 정말 멋진 동아리를
선택했다는 생각에 감격에 젖기도 했습니다.

아사히연봉 종주 일정은 선배가 짰습니다. 종주 포인트를 익
힐 수 있으면서도 체력 차이가 나는 산악부원 모두가 안전하게
돌아올 수 있는 일정이었습니다. 덕분에 4박 5일에 걸친 산행이

---

46) 니가타현과 야마가타현 경계를 이루는 일군의 산지. 아사히산지(朝日山地)라고
부르기도 한다.

즐거웠는데, 이 과정을 하나의 프로젝트라고 생각하면 배울 점이 매우 많습니다.

2학년으로 올라가자 저도 일정 짜는 일에 살짝 걸치게 됐습니다. 가고시마현 야쿠시마(屋久島)나 기타다케(北岳), 아이노다케(間ノ岳), 노토리다케(農鳥岳)로 이루어진 야마나시현의 시라네산잔(白峰三山) 등반 프로젝트 기획에 참여한 것입니다. 산행은 혼자가 아니라 대여섯 명이 한 팀을 이뤄 가는데, 가장 체력이 약한 사람이 대열의 두 번째에 선다는 사실도 이때 배웠습니다. 선두를 걷는 부대장이 바로 뒤따라오는 두 번째 사람의 상태를 파악하기 쉽기 때문입니다.

대장은 맨 뒤에 섭니다. 모두 제대로 이동하고 있는지 살피면서 언제 쉬면 좋을지, 비가 올 것 같으면 경로를 바꿔야 할지 등을 판단하며 걷습니다. 등산이라고는 한 번도 해본 적 없는 저 같은 병아리 초짜에게 선배들은 안전하게 오를 수 있는 루트를 비롯해 부상 방지와 대처법 등 노하우를 전수해주었습니다. 그때 배운 게 지금까지 도움이 되고 있으며, 마을만들기 프로젝트를 할 때도 이를 염두에 놓고는 합니다.

다만, 제가 낚시광이라서 그런지 제가 좋아하는 대로 일정을 짜면 낚시 삼매경 코스가 되기도 합니다. 가령 레분섬은 멋진 바다와 호수가 있어 낚시하기에도 좋아 레분섬에 가기라도 하면 "어머, 거기는 꽃의 성지 아닌가요?" 하면서 후배 여학생들이 대거 참여하기도 하니 일거양득이라고 할까요. 이처럼 모두가 즐길 수 있는 코스를 짜는 게 중요하다는 점을 산행에서 배웠습니다. 물론 선배가 "사시데 군, 오늘 저녁은 퐁듀 어때?"라고 무리한 요구를 해와도 응해야 한다는 단점이 있긴 합니다. (웃음)

「소토코토」편집장이 되고 나서는 여러 지역에서 다양한 마을 프로젝트에 관여하게 됐습니다. 최근에 자문한 프로젝트는 지난 2023년 6월 오픈한 소셜 마르셰&키친 '깅엄(GINGHAM)'인데 도쿄만보다 우주가 더 가깝다고 말할 정도로 높은, 33층 규모의 군마현 청사 31층에 자리하고 있습니다. 그곳에 '오픈 에이(OPEN A)'의 바바 마사타카(馬場正尊) 대표가 폐자재를 활용한 '소꿉 포장마차' 아이디어를 제안해 누구나 마르셰를 열 수 있는 공간을 만들었습니다. 직접 구운 과자나 손으로 만든 액세서리를 팔 수 있고, 또 널찍한 공간을 활용해 공유 주방을 열 수도 있습니다. 오픈한 지 반년도 안 됐는데, 방문자가 약 6만 명에 달해 보람을 느끼고 있습니다. 방문하는 사람 각자가 하고 싶은 일을 한 발짝 내디뎌 실천할 수 있도록 공간을 조성한 게 적중한 셈이지요.

이처럼 누구나 워크숍을 열거나 무언가를 판매해보면서 나도 할 수 있다는 자신감을 얻고, 거기서부터 마을 프로젝트가 만들어지면 좋겠다는 생각으로 자문을 해왔습니다. 결과적으로 부담 없이 이용할 수 있는 분위기가 조성되고, 마음 맞는 동료와

연결되면서 커뮤니티가 생겨났습니다.

군마현 이야기가 나왔으니 덧붙이자면, 제가 관여한 건 아니지만 '보위사마에게 경배를!(拝啓ボウイ様)'이라는 프로젝트가 다카사키에서 개최됐습니다. 다카사키 출신 록밴드 '보위'[47]를 존경하는 많은 커버 밴드가 하루 내내 시내 야외무대에서 보위의 곡을 연주하는 이벤트입니다. 다카사키 시민의 보위 사랑을 느낄 수 있는, 그야말로 로컬 프로젝트인데 어른도 아이도 'B·BLUE'를 따라부르며 엄청나게 즐거워했습니다.

한편, 제가 프로젝트를 기획하기도 하지만, 종종 게스트로 초대받기도 합니다. 최근에는 2023년 11월, 아티스트인 오카모토 료(岡本亮) 씨가 디렉팅한 '모토코 뮤지엄'(2023년 말까지 개최됨) 프로젝트에서 술집 점주 역할로 참여했습니다. 효고현 고베시 모토마치 철교 밑에 '모토코 철교 밑 주점'이라는 팝업 주점을 연 것이었죠. 술뿐 아니라 점도 쳐주고, 마사지 서비스와 야외 테이블도 마련했던 혼돈의 주점이었는데, 시끌벅적한 분위기 속에서 즐겁게 놀았습니다. 무슨 콘셉트의 프로젝트였냐고 묻는다면, 레트로한 정취가 감도는 '골목 파티'라고 할 수 있습니다. 많은 사람이 모여 떠들썩하게 시간을 보내다 보면, 서로

---

47) BOØWY. 1981년 군마현 다카사키시 출신 히무로 교스케, 호테이 도모야스, 마쓰이 쓰네마쓰를 중심으로 결성된 록밴드로 J-ROCK 트렌드를 이끌며 인기를 구가하다 1988년 돌연 해체했다.

아는 사이가 되기도 하잖아요. 물론 반대의 경우도 있지만. 여하튼 목표를 정하거나, 거창한 의미를 내세운다기보다 일단 해보자는 식의 프로젝트입니다.

최근 들어 이처럼 '거친' 느낌의 프로젝트가 조금씩 눈에 띄기 시작했습니다. '산뜻하고' '반짝이는' 프로젝트도 좋지만, 해보기 전에는 무슨 일이 일어날지 알 수 없는 프로젝트는 스릴이 있어 저도 빠져들고 말았습니다.

'토라'는 관계인구

무언가 프로젝트를 시작하려 할 때, 스스로 허들을 높일 필요는 없습니다. 오히려 허들을 낮춰야 원활하게 시작할 수 있겠지요.

제 아들 이야기를 해볼까요. 코로나19 초기, 당시 초등학교 5학년이던 아들은 임시휴교로 학교에 가기 어려워졌습니다. 그렇다고 공원에서 놀 수도 없었지요. "할 게 없어."라며 집에서 무료한 시간을 보내고 있었습니다. "그렇게 심심하면 안 쓰는 물건 정리해서 필요한 사람이 가져가게 하면 어때?"라고 했더니 조용히 자기 방을 정리하기 시작했습니다.

그러더니 아들은 안 쓰는 물건을 차고로 옮기고는 '무인 마켓'을 시작했습니다. 책이나 곤충채집통 등을 늘어놓고 "자유롭게 가져가세요."라고 써놨더군요. 그 밑에는 작은 글씨로 "돈을 넣어주셔도 괜찮습니다."라고 덧붙여서 말이지요. (웃음) 아들은 어떤 사람이 가져가는지 궁금하다며 차고 속 차 뒤에 숨어 엿보고 있었습니다. 누군가 다가와 물건을 가져가려 하면, 얼굴을 내밀고 "이것도 가져가세요." 하면서 다른 물건을 권하기도 했습니다. 어떤 분은 "이 집 꽃이 늘 궁금했어요."라며 아내가 정원에 심어 놓은 꽃을 한참 동안 바라보기도 했습니다. 그런 모습을 본 아들이 "엄마가 심은 꽃을 사람들이 칭찬했어."라고 하자 아내도 기뻐했습니다.

사흘쯤 지나자 아들은 물건을 거의 다 팔았습니다. "2,800엔이나 벌었어!"라며 기뻐하더군요. 그런데 그때 동네에서 어떤 변화가 일어났습니다. 대각선 맞은편 집에 사는 초등학교 저학년생과 미취학 아동 자매도 "자유롭게 가져가세요."라고 쓰고 집앞에 작은 신발을 잔뜩 늘어놓기 시작한 겁니다. 아들이 시작한 일이 이웃에게도 전해져 작은 마켓이 두 개나 열리면서 동네에 작은 즐거움이 생긴 것이지요. 그러니까 허들을 낮추고 지금 할 수 있는 일부터 시작했더니 이웃이 반응했다는 이야기입니다.

지역과 관계를 맺을 때 허들의 높이를 전혀 느끼지 않는 대표적 인물이 바로 영화 「남자는 괴로워」[48]의 주인공 토라(寅)입니

<hr />

48) 「男はつらいよ」. 1969년부터 1995년까지 시리즈를 이어간 일본 최장수 국민 드

다. 토라는 말하자면 관계인구에 해당하고, 마돈나는 관계 안내 인쯤 되겠지요. 토라는 행상을 생업으로 일본 각지를 떠돕니다. 그러다 골치 아픈 일에 휘말린 마돈나를 만난 후 그녀를 돕기로 합니다. 외지인이 아니라면 할 수 없는 거침없는 말과 앞뒤 안 가리는 행동력으로 지역 주민과 마찰을 빚기도 하지만, 마돈나 의 문제나 지역의 고민거리도 해결합니다. 아니, 해결까지는 아 니더라도 토라의 개입으로 서로 차분하게 대화할 수 있는 관계 로 돌아갑니다.

당연하겠지만 이런 토라에게는 백캐스팅[49] 같은 사고는 없습 니다. 일단 부딪히고 보는 스타일입니다. 상대방에게 너무 바짝 다가서나 부담스럽게 구는 바람에 처음에는 실패하지만, 결국 그의 곧은 인품이 마돈나와 지역 주민의 마음을 움직입니다. 처 음에는 반발했던 지역 주민도 알고 보면 사실은 인간미 넘치는 사람들이라 토라의 제안을 받아들이게 된 것이지요. 문제가 해 결되면 외지인 토라는 다시 다른 지역으로 떠납니다. 이 정도면 「남자는 괴로워」 시리즈 자체가 장대한 로컬 프로젝트라고 해 도 과언이 아닐 겁니다.

라마. 야마다 요지(山田洋次)가 감독하고 다도코로 야스오(田所康雄)가 주연을 맡았 다. 토라(寅)는 주인공의 애칭이고 마돈나는 조연으로 나오는 극 중 인물 중 하나. 흔히 '토라상 시리즈'라고 부른다.

49) 모두가 도달하고자 하는 목표를 설정한 후, 목표 달성을 위해 지금 무엇을 할 수 있 는지 구체적으로 생각하는 것을 말한다.

그렇지만 저는 「트럭 야로」[50]를 더 좋아했습니다. 「트럭 야로」에서 '이치방보시'호를 타는 주인공 호시 모모지로나 '야모메노조나단'호를 모는 마쓰시타 긴조도 관계인구입니다. 다만, 아이가 봐서는 안 될 장면이 너무 많아 여기서 자세히 얘기할 수는 없을 것 같습니다. (웃음) 아이와 함께라면 「남자는 괴로워」를 추천합니다.

영화 이야기를 하나 더 해보려 합니다. 저는 일 년에 두 번 정도는 규슈(九州) 수변 걷기를 목표로 삼고 있습니다. 물론 민물고기 낚시의 즐거움도 빼놓을 수 없지요. 가게 되면 주로 후쿠오카 야나가와(柳川)시의 텐진오무타선 니시테쓰 야나가와역 앞에 묵습니다. 야나가와는 수로의 마을로 알려져 있습니다. 저는 기타하라 하쿠슈(北原白秋)[51]가 참여한 수로·야나가와 사진집을 소중히 간직하고 있습니다. 또 메이지 시절부터 이어진 '쓰루미소양조'의 단맛이 약간 도는 보리 된장을 좋아해 종종 된장국을 만들어 먹기도 합니다. '스튜디오 지브리'의 미야자키 하야오가 실사와 애니를 섞어 만든 하이브리드 영화 「야나가와 수로 이야기」는 「바람계곡의 나우시카」나 「모노노케 히메」가 보여주듯이

---

50) 「トラック野郎」. 1975년부터 1979년 사이에 개봉한 일본 영화 10부작 시리즈. 요란하게 치장한 장거리 트럭을 모는 호시 모모지로와 마쓰시타 긴조가 각종 사건에 휘말리는 이야기.

51) 1885년 1월 25일~1942년 11월 2일. 일본의 시인이자 동요 작가.

지브리가 추구하는 풍경이나 환경이 무엇인지 말해주고 있을 정도로 중요한 작품으로 알려져 있습니다.

'구글 어스'로 야나가와 시내를 높은 해상도로 보면 엄청나게 많은 수로의 모습이 드러납니다. 옛날에는 도로보다 수로 이동이 많았을 겁니다. 하지만 고도 경제성장기에 들어서 생활 하수의 오염과 악취가 심해지자 수로를 덮자는 이야기가 나왔습니다. 그때 제동을 건 사람이 야나가와 시청의 한 직원이었습니다. 수로가 있는 마을의 아름다움과 장점을 지켜나가자는 방향으로 발상의 전환을 해야 한다며 시민을 향해 호소했다고 합니다.

결국 시민 모두가 준설 작업에 참여해 깨끗한 수로로 거듭났습니다. 그런 꾸준한 활동으로 야나가와 수로를 지킨 일에 다카하타 이사오와 미야자키 하야오 감독은 감명을 받고 영화를 만들기로 합니다. 그것이 바로 「야나가와 수로 이야기」입니다. 그런데 두 시간 반에 이르는 장편이다 보니, 지브리는 재정 압박에 시달렸습니다. 그래서 제작비를 메꾸기 위해 다른 애니메이션을 만들었다고 합니다. 그렇게 힘을 쏟았으니 훌륭한 작품이 나올 수밖에요. 다시 말해 야나가와 수로는 지브리 작품이 모든 세대에서 사랑받을 수 있는 작품을 만드는 데 동기를 부여하고, 원동력을 제공했습니다. 거기에 수로를 지켜낸 한 공무원의 열정은 말할 것도 없겠지요. 그런 사실을 알게 되자 저는 야나가와 수로가 더욱 아름답게 느껴졌고, 지금도 좋아하고 있습니다.

이번에는 책 이야기입니다. 소설가이자 시인인 이케자와 나쓰키(池澤夏樹)의 부친, 후쿠나가 다케히코(福永武彦)가 쓴 『미래도시』라는 소설입니다. 인생의 절망을 느낀 사람들이 어떤 술집에 모입니다. 주인공 '나'는 화가인데 모인 사람 중 가장 절망적이라는 이유로 바텐더에게 술을 한잔 받게 됩니다. 하지만 그것은 금단의 음료였지요. 모르고 마시려는 순간 '나'는 미래도시 사람에게 구출돼 미래도시로 가게 됩니다. 미래도시 사람들은 서로 미워하지도, 악행을 저지르지도 않습니다. 그런데 특정 시간이 되면 '나'가 들어본 듯 만 듯한 음악이 흘러나옵니다.

그것은 합성음악인데, 동서고금 모든 음악의 좋은 요소만 추출해 만든 곡입니다. 사람들이 그리는 그림도 합성회화로 미술사에서 좋다고 평가받은 작품을 합성한 그림이었지요. 그러다 '나'는 음악이나 그림뿐 아니라 마을 자체가 합성인 사실을 알게 됩니다. 그런 곳에서 사람들이 행복을 추구하고 있었던 겁니다. 결국 미래도시는 슬픈 결말을 맞이합니다. 물론 여기서 말하는 '합성'은 풍자입니다. 예컨대 처음 들을 때는 확실히 낯설지만, 잘 들어보면 어디선가 들어본 듯한 합성음악처럼 저쪽 프로젝트의 장점과 이쪽 프로젝트의 장점을 합친다고 최고의 로컬 프로젝트가 나오는 게 아니듯이 말이지요.

로컬 프로젝트는 세련되게 다듬지 않아도, 아니 다듬지 않은 편이 오히려 사람의 마음을 흔들 수 있지 않을까 생각합니다.「소토코토」특집에 등장하는 모든 사람은 합성이 아닌 오리지널로서 두근거리게 만드는 활동을 펼치고 있습니다. 기대하며 읽어주시면 감사하겠습니다.

삼나무로 낚싯줄을 만들 수 있다면

관계인구 로컬 프로젝트 중에서 요즘 제가 주목하는 건 남북을 연계하는 관계인구 사업입니다. 사업 대상지는 홋카이도에 있는 섬 리시리토(利尻島)의 리시리 정과 가고시마현 오키노에라부지마(沖永良部島)의 지나(知名) 정입니다. 리시리토는「소토코토」에서도 취재한 적이 있는데, 여름철은 다시마 수확 시기라 많은 아르바이트 인력이 새벽 전부터 도울 정도로 바쁜 나날이 이어지는 곳입니다.

반면에, 지나 정의 겨울은 사탕수수 수확 작업이 한창인 시기입니다. 따라서 두 지역이 연계해 '여름의 어업'과 '가을부터 겨울에 걸친 농업'에 종사하는 계절 노동자를 공유하는 프로젝트를 시작한 것입니다. 저는 '지역종합정비재단(고향재단)'의 자문위원 자격으로 두 지역을 방문했는데, 이것이야말로 새로운 관계인구라는 생각이 들었습니다. 행정이 시도하는 프로젝트로서 매우 흥미로웠음은 물론 앞으로 더욱 확산할 가능성을 강하게 감지했습니다.

그런데 그때 또 하나 흥미로운 사실을 알게 됐습니다. 리조트에서 아르바이트하는 20대 여성의 일자리 흐름입니다. 지나 정에 있는 스낵바와 리시리 정의 스낵바를 오가는 식으로 로컬의 섬에서 로컬의 섬으로 이동하며 일하고 있었습니다. 더구나 오키나와(沖縄)의 미야코지마(宮古島)나 이시가키지마(石垣島) 아니면 오키나와 본섬까지 가기도 한다고 합니다. 저도 시찰 명목으로 스낵바에 가봤는데 엄청 재밌더라고요. (웃음)

섬의 스낵바는 그들에게 셰어하우스를 제공해 주거비 부담을 줄여 수입을 더 확보할 수 있게 지원하는 듯했습니다. 지나 정의 합계 출생률은 2.0 이상으로 높은 수준을 유지하고 있는데, 그 배경에는 스낵바에서 일하던 여성이 지역 남성과 결혼해 아이를 낳는 일이 많아진 까닭이라고 합니다. 하지만 리조트에서 일하는 여성 노동자가 관계인구적으로 이동하는 현상에 더욱 주목해봐야 할 것 같습니다.

앞으로 해보고 싶은 프로젝트가 두 가지 있습니다. 하나는 인연이 닿아 2023년부터 이사직을 맡은 효고현 아시야시의 NPO '프라이팬' 활동입니다. 프라이팬은 '지역 과제를 요리한다'는 의미로 지은 이름입니다. 청년들이 모여 마을 만들기를 비롯해 식생활이나 교육 문제 등 다양한 분야에서 힘쓰고 있는 조직이라 저도 많은 자극을 받고 있습니다. 펼치는 활동 중에 아시야에 있는 공원을 재미있게 바꿔보자는 프로젝트가 있습니다. 공원에 푸드트럭이 모이고, 채소를 판매하고 또 아이를 위한 놀이기구가 설치되기도 하는데 생기가 사라진 공원에 사람이 모이면서 활력을 되찾아 가고 있습니다.

저도 제안을 하나 했습니다. 공원 연못을 낚시터로 만드는 일입니다. 그렇게 되면 아이부터 어른까지 다양한 세대의 시민이 공원에서 낚시를 즐길 수 있습니다. 도시 안으로 자연을 끌어들여 부담 없이 자연과 어울릴 수 있게 하면 좋겠다는 생각에서 비롯한 아이디어인데 현재 프로젝트로 가동하기 위해 구상 중입니다.

또 하나 있습니다. 이것도 낚시에 관한 아이디어인데 낚싯줄을 만드는 프로젝트입니다. 제가 쓰는 낚시도구도 마찬가지입니다만, 아웃도어 장비나 레저용품을 보면 아직도 석유에서 나온 플라스틱 제품이 많은 상황입니다. 그래서 좀 더 자연 친화적으로 만든 용품을 만들어 널리 사용하게 하면 어떨까 하는 마음에서 생각하게 됐습니다.

요즘 나오는 낚싯줄은 소재 기술이 발전해 매우 가늘면서도 강한 제품이 주를 이룹니다. 그렇다 보니 크기나 힘에 상관없이 어떤 물고기라도 낚아 올릴 수 있게 됐습니다. 다시 말해 낚싯줄이 물고기보다 강력해져 버린 것이지요. 그렇다면 물고기와 낚싯줄이 서로 호각을 이루도록 낚싯줄의 힘을 조절하면, 지역 환경에 부담을 주지 않는 놀이로서 낚시를 계속해 나갈 수 있지 않을까요? 그런 바람에서 나온 아이디어입니다.

그러다 최근에 주목할 만한 제품을 알게 됐습니다. 바로 나가노현 네바무라(根羽村)에서 삼나무로 만든 실입니다. 네바무라는 인구 900명 정도의 작은 산골 마을로 삼나무와 편백 등 산림면적이 전체의 92퍼센트를 차지하는 임업 마을입니다. 절대 포기하지 않겠다고 선언한 후 'NEVER FOREST-지금까지는 없었던 숲'이라는 다음 세대를 위한 숲 활용 계획을 산림조합 중심으로 만들고 있습니다. 지금 벌이는 활동 중 하나로 삼나무로 실을 만들고, 그 실로 수건이나 천을 짜는 프로젝트가 있습니다.

삼나무 실을 활용한 사례로는 도쿄학예대학 부속 국제중등교육학교 학생들이 삼나무 실을 사용해 만든 손수건이 있습니다. 저는 선물로 받아 소중히 사용하고 있는데, 사용감이 매우 뛰어납니다. 이런 삼나무 실로 낚싯줄을 만든다면 재밌는 일이 벌어지지 않을까요? 크라우드 펀딩으로 자금을 모으고, 네바무라와 협력할 수 있을지 모르겠지만 꼭 한번 만들어 보고 싶군요. 정말로.

다만 삼나무 낚싯줄은 끊어지기 때문에 세상에 나온다 해도 사용하지 않는 사람이 더 많을 수도 있습니다. 삼나무 낚싯줄은 화학섬유로 만든 튼튼한 낚싯줄과 달리 어느 정도 힘이 가해지면 끊어지도록 하는 게 콘셉트입니다. 끊어지는 게 더 좋다는 생각에서 만든 제품이지요. 낚은 물고기에게도 과도한 부담을 주지 않습니다. 낚싯바늘도 가시를 제거해 만든다면 물고기가 스스로 바늘을 뺄 수 있어 상처를 최소한으로 줄일 수 있습니다. 하지만 물고기보다 강한 낚시도구는 계속 생산되고 있습니다. 오랫동안 낚시를 즐겨온 사람으로서 물고기보다 약한 도구로 낚시를 해보는 일을 제 인생 프로젝트로 찜해놓고 싶습니다.

야구치 다카오의 만화 단편집 『곤들매기가 돌아오는 날(岩魚の帰る日)』(야마토케이코쿠샤) 안에 「마른 억새(枯尾花)」편을 보면, 6대째 이어오는 전설적 대나무 낚싯대 장인이 아이들과 낚시하는 이야기가 나옵니다. 아이 중에는 마치 달관한 듯한 남자아이가 있는데 "이런 화학 소재로 만든 낚시도구로 인간이 강해지면 그게 낚시냐? 하나도 재미없겠네." 하면서 자신은 억새로 낚싯대를 만듭니다. 억새는 가늘고 약해서 정성스럽게 다루지 않으면 금세 부러져 버립니다. 하지만 부러지더라도 주변에 얼마든지 널려 있어 바로 새로운 낚싯대를 만들 수 있습니다.

그런 모습을 지켜보던 장인은 뭔가 깨달음을 얻고 자신도 억새로 낚싯대를 만듭니다. 그리고는 그 낚싯대에 남자아이의 이름을 새겨 넣습니다. 그로써 그 아이는 7대째 장인이 된 것입니다. 정말 멋진 이야기 아닙니까. 패배의 감각도 중요하다고 가르쳐주는 만화로 저의 삼나무 낚싯줄 발상도 이 만화에서 비롯되지 않았나 싶습니다.

大変ご無沙汰をしておりますが、いかがお過ごしで
前にお話しました、根羽のスギ間伐材から作った木
とりあえず、6mmの糸を20m分です。是非お
糸の太さですとかご意見を頂ければと思います

모든 경쟁에서 이겨야만 하는 사회, 과연 좋은 사회일까요? 로컬 프로젝트도 마찬가지입니다. "꼭 성공해야 해!" 또는 "활기를 되찾자!"라며 다른 지역을 이기는 데(성공)에만 주력하는 프로젝트는 발전성이 없다고 생각합니다. "역시 쉽지 않네!"를 반복하면서 자기다운 프로젝트를 만들어 나가는 쪽이 지속성을 갖게 됩니다. 잡히지 않는 물고기는 잡지 않아도 괜찮습니다. 억새처럼 바람을 이겨내면서 힘차게 뿌리를 내리는 로컬 프로젝트가 결국 사회의 변화를 이끌게 될 것입니다.

Sashide

제3장

▬

점과 점을 선으로 잇는 뉴 이주

새로운 시대의 이주 스타일

도쿄 메트로 가야바초(茅場町)역 근처에 '뉴카야바'라는 레트로 분위기의 선술집이 있습니다. 큰길에서 조금 들어가면 빨간색 차 한 대가 보입니다. 차를 피해 어렵게 골목 입구로 들어서면 안쪽에 가게가 있습니다. 이곳은 '아저씨들의 놀이동산'이라고도 불리는데 제조사별로 나열된 술 자판기가 특징입니다. 동전을 넣은 후 직접 컵에 따라 마셔야 합니다. 닭꼬치를 주문하면 생닭과 대파를 꽂은 꼬치가 나오며 이것도 숯불 화로에 직접 구워 먹어야 합니다. 편집부 사무실이 쓰키지(築地)에 있던 시절에는 손님과 한잔하러 갈 때 종종 들렀던 곳이기도 합니다. 갈 때마다 퇴근길 직장인들이 화기애애한 분위기에서 술을 마시며 꼬치를 뒤집고 있는 모습을 볼 수 있습니다. 다만 오래전부터 여성은 남성과 함께여야만 입장할 수 있는 가게 나름의 규칙을 지켜오고 있습니다. 하지만 남성과 동반한 여성 손님도 꼬치를 굽고 술 한잔 나누다 보면 분위기에 금세 적응할 수 있습니다. 특히 주방에 오카미[52]가 있어 남자만 가득한 공간이라도 여성은 안심하고 술을 마실 수 있습니다.

---

52) 女將. 과거에는 료칸 여주인을 일컫는 말로 쓰였지만, 현대에 와서는 여성 최고 책임자를 지칭할 때 종종 사용한다.

2024년 5월호 「소토코토」 특집 타이틀은 '뉴 이주 스타일'입니다. 그동안 이주 특집을 여러 번 기획했지만, 이주 앞에 '뉴'라는 말을 붙이긴 이번이 처음입니다. 눈치채셨을지 모르겠지만, 여기서 '뉴'는 '뉴카야바'에서 따온 말입니다. 제가 어린 시절에는 '뉴 뭐뭐' 식으로 '뉴'를 붙이는 게 유행이었습니다. 새 신발을 신고 학교에 가면 "이거 뉴네!"라는 말을 듣기도 했습니다. 그 어감에서 즐거움이나 가벼움 심지어 안도감마저 느꼈던 기억이 있어 이번 이주 특집에 '뉴'를 붙여 보았습니다. 이주자라면 현지 원주민에게 '퇴로를 차단'하라거나 '뼈를 묻을 각오'로 오라는 식으로 '이주자는 이래야 한다' 같은 혹독한 말을 들어본 적이 있을 겁니다. 그런 말에 참지 못한 이주자가 지역 주민과 충돌했다는 뉴스가 인터넷에 올라오기도 합니다. 이런 상황에서 '이주'라는 말에 무게감을 느끼는 사람도 적지 않을 것 같아 이번에는 좀 더 가볍게 다뤄보고자 합니다.

이처럼 '이주'라는 말에 부담을 느끼는 분위기가 있지만, 최근에는 가볍게 받아들이는 경향도 뚜렷합니다. 특히 이십 대 젊은이들 사이에서 이제 이주는 당연한 일처럼 여기는 경우가 많아졌습니다. 관계인구 논의를 시작한 2012년 무렵에는 동일본 대지진 피해 지역이나 서일본의 과소 지역으로 이주해 마을 만들기나 사회혁신 분야에서 일하고 싶다는 청년이 대거 나타났습니다. 그들이 어느새 마을 만들기 10년 차로 접어들었고, 때로는 가정을 꾸리기도 하면서 지역에 뿌리를 내렸습니다. 이제는 더 이상 이주자가 아닌 것이지요. 지금은 삼사십 대가 된 그들이 지역에서 활약하고 있는 덕분에 지금의 청년 세대는 과거와 달리 이주라는 말의 무게에서 벗어난 게 아닐까 싶습니다.

한편, 재난 피해나 지역 재생 또는 인구 감소 같은 지역 문제를 표면에 내세우지 않는 지역이 늘어난다면, 이주의 무게가 더 가벼워져 좋지 않을까 생각합니다. 물론 지역 문제는 여전히 남아 있겠지만, 동일본 대지진으로 피해가 컸던 도호쿠 지역 주민이 지금도 2011년의 감각에 머물고 있고, 1960년대에 이미 인구 감소로 주목받았던 시마네현 사람들도 당시 마음 그대로 살고 있다고 단언하긴 어려울 겁니다. 그 지역으로 향하는 청년 대부분은 그런 마음이 아닐지도 모릅니다. 오히려 그곳이 마음에 들고, 따뜻하게 느껴져 찾는 사람도 많은 것 같습니다. 이주라는 말이 자주 입에 오르기 시작한 3·11 대지진. 그 후 십수 년을 보내면서 이주의 형태가 어떻게 변화해왔고, 또 어떤 식으로 새로워지고 있는지를 이번 '뉴 이주 스타일' 특집에 담았으니 많은 관심 부탁드립니다. 아, 그리고 '뉴카야바'도 원래는 다른 곳에서 '가야바'라는 이름으로 영업하다 지금의 장소로 이전하면서 '뉴카야바'로 바꿨다고 하네요.

나의 이사 연대기, 아파트에서 단독주택으로

지금까지 살아오면서 여러 번 이사한 경험이 있습니다. 처음은 고등학교 졸업을 앞둔 봄, 군마현 다카사키시에서 도쿄로 옮긴 일이었습니다. 이사 직전까지 군마현립 다카사키고등학교라는 남고에 다녔는데, 자주·자율을 매우 중시하는 학교였습니다. 입학해서 가장 놀랐던 일은 굽이 높은 나막신을 신고 다니는 한 선배의 모습이었습니다. 나막신을 신고도 당시 유행하던 'MEN'S BA-TSU'나 'MEN'S BIGI' 같은 멋진 DC 브랜드[53]를 입고 있어서 '이건 또 뭐지?' 하며 한참을 바라봤던 것 같습니다. 또 학교는 집에서 900미터밖에 안 되는 거리에 있었는데, 통학로에는 아쉽게 17세에 세상을 떠난, 고등학교 선배이자 화가 그리고 시인이었던 야마다 가마치(山田かまち)의 미술관도 있었습니다.

한편, 교복이든 사복이든 모두를 허용했던 학교는 다른 고등학교에는 없는 '자율 수업'이라는 독특한 제도랄까, 고유한 문화가 있었습니다. 오전 수업만 받으면 오후에는 집에 가도 될 정도였지요. 저는 오후가 되면 낚싯대를 들고 근처 강이나 호수로

---

53) Designer's & Character's의 약자로 유명 패션 디자이너가 참여해 만든 브랜드로 1970~80년대에 일본에서 유행했다.

나갔습니다. "정말 좋은 학교구나."라고 중얼거리며 낚싯줄을 드리우곤 했지요. 그런 자유로운 학교에서 사춘기를 보낸 후 3학년이 끝나갈 무렵이면 모두 졸업 후 진로 결정의 시기를 맞습니다. 저는 도쿄의 대학에 진학하기로 마음먹고, 저처럼 도쿄로 가려는 친구들과 정보를 공유하기 시작했습니다. 정보 소스는 당연히 잡지였지요. 아무래도 이성에 관심이 많을 때라 「올리브」가 최고였습니다. 그 잡지를 읽는 '올리브 소녀'가 도쿄 어디에 출몰하는지 알고 싶었거든요. 당시 「올리브」에는 도쿄의 다이칸야마(代官山)와 지유가오카(自由が丘)가 자주 소개됐습니다. 그래서인지 도쿄로 가려는 녀석들에게 그곳은 단연 화젯거리였지요. 참 단순하죠. (웃음)

그렇게 도쿄를 동경하며 망상을 키우며 아, 나도 번화한 도쿄 거리를 거닐 수 있겠다는 설렘에 두근거리곤 했지요. 요즘 중산간 지역으로 이주하려는 청년들의 설렘과 크게 다르지 않을 것입니다. 제가 학생 때는 인터넷이나 SNS 같은 게 없었으니까 저 같은 기타칸토(北関東) 군마 남학생에게는 잡지가 전부였습니다. 잡지에 나오는 장소를 실제로 접하면 욕구도 충족할 수 있고, 또 어른이 된다고 굳게 믿고 있었지요.

드디어 저는 조치대 법학부 국제관계법학과에 합격했습니다. 정말로 도쿄에 살게 돼 꿈에 부푼 나날을 보냈습니다. 「올리브」에 나온 대로 다이칸야마나 지유가오카 아니면 하라주쿠나

오모테산도는 어떨지 하는 망상에 빠지면서 말이지요. 그런데 그럴수록 그런 곳에서 살아간다는 이미지가 잘 그려지지 않았습니다. 결국 기타칸토 남학생들이 주로 선택하는 방법을 따르기로 했습니다. 바로 JR 주오선(中央線)입니다. 주오선에는 여자들 사이에서 인기를 얻는 즐거움과는 또 다른, 서브컬처의 즐거움이 가득했습니다.

주오선이 지나는 동네에 집을 구하기로 마음먹고 알아보니 나카노(中野)와 고엔지(高円寺) 쪽이 좋겠다 싶었습니다. 바로 그곳으로 가 중개사무소 몇 군데를 돌아다니기 시작했습니다. 그러다 형님뻘로 보이는 사장님이 운영하는 곳에 들어가게 됐습니다. 친화력이 넘쳤던 그 형님은 당시 유행하던 '맛있다!'를 연발하며 "이 집도 맛있어요."라면서 평면도가 그려진 종이를 내밀더군요. '맛있다'라는 말의 새로운 활용법을 배우면서 집을 보러 가보니 방은 좋아 보였지만 월세가 비쌌습니다.

당시에는 「올리브」 말고도 「뽀빠이」의 '대도시 탐험 지도'라는 특대호가 있었는데, 멋진 집이 많이 나와 늘 몸에 지니고 다녔습니다. 하지만 돈 없는 18세에게는 아무래도 무리였지요. 그런데 '맛있다 형님'이 "조금 떨어져 있지만, 히가시코엔지(東高円寺)에도 집이 있는데 볼래?"라고 제안하는 겁니다. "주오선에 그런 역이 있었어요?" 하고 묻자 "몰랐구나. 주오선이 아니라 마루노우치선이야. 그쪽이 더 싸니까 가보자!" 하면서 히가시코엔지

마에(東高円寺駅前)역 쪽으로 향해 갔습니다.

　도착하자마자 "여기가 도쿄라고?" 말할 정도로 레트로한 풍경이 눈에 들어왔습니다. 채소 가게, 막과자 가게, 오래된 책방이 늘어선 역 앞 아케이드 상가를 걸으면서 이런 곳이라면 안심하고 살 수 있을 것 같은 생각이 들었습니다. '동(東)'자가 붙긴 했지만, 고엔지이기는 했으니까요. "나 고엔지 쪽에 살고 있어."라고 사람들에게도 말해도 거짓은 아니어서 계약하기로 했습니다. 프랑스어로 '물'이라는 뜻의 '드로(de l'eau)'라는 이름의 아파트였는데 월세는 4만 엔 정도였습니다.

　그리하여 저의 도쿄 생활은 히가시코엔지에서 시작하게 됐습니다. 잊을 수 없는 건 '펠리컨 파파'라는 새벽까지 영업하는 지하의 펍입니다. 갓 스무 살 먹은 나 같은 술 초보를 조용히 맞아주고, 또 훈남 스태프가 일하는 편안한 가게였습니다. 나중에 알게 됐지만, 그 사람은 '브랭키 젯 시티'[54]의 아사이 겐이치(浅井健一)였습니다.

　그 밖에도 미대 여학생들이 즐겨 찾는 스파게티집을 금실 좋은 부부가 운영하고 있거나 동화 속에나 있을 법한 귀여운 카페가 있었고 또 낚시 잡지를 살 수 있는 작은 서점까지, 과거의 풍

54) BLANKEY JET CITY. 일본의 3인조 록밴드. 1990년부터 2000년까지 활동했다. 보통 부랑키라고 부른다.

경이 고스란히 남아 있었습니다. 오히려 미우라 준[55] 스타일의 80년대 문화를 접하기가 더 어려웠지요. 그런 문화적 시간 차이를 느낄 수 있어 더욱 히가시코엔지를 좋아하게 됐습니다. 덧붙이자면, 누군가의 '아들'에서 '나 혼자'라는 상황이 됐음에도 사회와 접점을 마련하면서 조금씩 나아갈 수 있었던 건 모두 히가시코엔지 덕분이라고 해도 과언이 아닐 겁니다.

대학을 졸업하고 「아웃도어」 편집부에서 일하던 어느 날, 대학 때 가장 친했던 다구치에게 연락이 왔습니다. "재미있는 집을 찾았는데 같이 살지 않을래?"라고 말이지요. 다구치와 저는 그가 살던 오사카의 집과 제가 사는 도쿄의 집을 오가며 옷이나 신발까지 공유할 정도로 막역한 사이였습니다. 또 그는 영국 음악을 매우 좋아했는데 함께 음악을 들으며 "이건 무슨 노래야?" 혹은 "이 곡 멋진데!" 하면서 시간을 보내기도 했습니다.

그런 그가 발견한 아오야마의 2층짜리 단독주택은 제 눈을 사로잡을 정도로 마음에 쏙 들었습니다. 그런데 그곳을 빌리려면 집주인의 면접을 통과해야 한다는 겁니다. 제대로 옷을 갖춰 입고 이력서도 챙겨갔습니다. 집주인은 바로 옆집에 살고 있었는데, 면접을 마치자 "너희들이라면 괜찮겠네."라며 바로 합격 통지를 해주셨지요. 월세는 둘이서 12만 엔 정도였습니다. 그곳

---

55) 일본의 만화가, 일러스트레이터.

은 예전에 요가 교실이어서 2층이 한 공간으로 돼 있었습니다. 우리는 넓은 공간 양쪽 끝에 각자의 침대를 놓고 작은 칸막이로 사생활 공간을 확보했습니다. 휴대전화가 없던 시절이라 각자의 친구가 놀러 오면 집 앞에 작은 깃발을 꽂아 서로에게 미리 알렸는데, 친구는 영국, 저는 프랑스 국기였습니다. 예를 들어 퇴근길에 영국 국기가 꽂혀 있으면, 저는 근처 이자카야에서 저녁을 먹으며 시간을 때우는 식이었지요.

집 앞에는 넓은 주차장도 있어서 친구들이나 편집 관계자들을 불러 쿠스쿠스 파티를 열거나 플라이 낚시를 위해 굵은 낚싯줄을 멀리 던지는 연습을 하기도 했습니다. 낚싯줄은 앞뒤로 반동을 주다가 마지막에 앞으로 휙! 하며 날려야 하기에 내 뒤쪽에도 넓은 공간이 필요한데, 주차장 공간은 낚시 연습하기에도 딱 알맞았습니다. 한 번은 지인의 소개로 나의 단독주택 생활이 남성 패션 잡지 「맨즈 논노」에 소개되기도 했습니다. 그런데 잡지가 나와 기대하며 넘겨봤더니 흑백 사진으로만 게재돼 매우 아쉬워했던 기억이 나네요. (웃음)

또 우리는 각자 교우 관계를 이루는 라인이 미묘하게 달랐기 때문에 내가 모르는 룸메이트의 지인이라든가 아니면 그가 모르는 내 친구들이 서로 어울리게 되면서 인간관계의 폭이 넓어졌습니다. 혼자 살았다면 자신의 알고리즘 바깥에 있는 사람을 만날 기회가 없었을지도 모릅니다.

'에비스 가든 플레이스'가 생긴 무렵에는 에비스(惠比寿)에서 도 살아봤습니다. 친구가 한 명 더 늘어 세 명이 살 수 있는 단독 주택으로 이사한 겁니다. 집세는 15만 엔 정도였고 5만 엔만 내면 한 명당 방을 두 개씩이나 쓸 수 있으니 꽤 이득이었지요. 거실도 널찍했습니다. 20대 청년에게 월세 15만 엔은 감당하기 어려운 금액이었지만, 세 명이 함께 살면 낼 수 있기에 중개사무소에 알리고 빌려주겠다는 집주인이 나타나기를 기다렸습니다. 그러다 나오자마자 바로 잡은 집이었습니다. 그렇게 하지 않으면 매물이 별로 없어 놓치고 말거든요. 그 집은 구석에 자리하고 있어 입구가 좁았습니다. 제 침대가 들어가지 않아 1층 다다미방 창문으로 담을 넘기듯이 겨우 옮겨 놓았던 기억이 새롭네요.

그 후에는 역이름으로 따지면 나카노(中野)나 우메가오카(梅ヶ丘)에도 살아봤습니다. 이처럼 다카사키에서 도쿄로 나와 살면서 결과적으로 라이프스타일을 업그레이드 할 수 있었던 이유는 도쿄의 다양한 동네를 경험한 데 있지 않을까 싶습니다. 같은 장소에 계속 사는 것도 좋은 선택이겠지만, 조금 다른 곳에 살아보면서 새로운 사람들과 관계를 맺고 또 그 관계를 다양하게 넓히면서 살아왔기에 제가 지금의 일과 생활을 꾸려나가게 됐다고 생각합니다. 매우 소중한 경험이었습니다.

스코틀랜드에서 영어를 낚다

히가시코엔지에서 아오야마로 이사하기 전, 대학 4학년 봄부터 1년간 휴학하고 스코틀랜드 에든버러로 유학을 떠났습니다. 케임브리지 국제공인 영어평가(Cambridge Assessment English)의 최상위 레벨(Certificate of Proficiency in English) 취득이 목적이었습니다. 조치대에 다닌다고 하면 다들 "영어도 잘하겠네요!"라고 말하길래 적어도 대학을 졸업하기 전까지 영어 실력을 쌓고 싶었습니다. 독해력뿐만 아니라 영어 문화를 포함해서 말이지요. 지금은 검색해도 나오지 않는 에든버러 성 근처의 작은 어학원 '에든버러 랭귀지 파운데이션(Edinburgh Language Foundation)'에 다니기로 했습니다. 스코트랜드 트위드강에는 제가 대학 2학년 때 돌아가신 가이코 다케시[56] 선생이 생전에 즐겨 찾던 만년의 낚시터가 있었거든요. 당시는 제가 플라이 낚시를 막 시작한 참이었고 가이코 선생을 동경하고 있었으니 당연한 선택이었지요.

숙소는 아무래도 현지인이 사는 곳 가까이에서 생활하는 편이 좋을 것 같아 기숙사가 아닌 홈스테이를 선택했습니다. 신세를 진 롤랜드 로빈슨 가족은 동네에서 인기 있는 치즈 가게를 운

---

56) 開高健. 일본의 소설가(1930년 12월 30일~1989년 12월 9일). 조직과 인간의 문제를 주로 다뤘다. 한편으로 낚시가 취미로 세계 각지에서 체험한 낚시 이야기를 책으로 내기도 했다.

영하고 있었습니다. 롤랜드 씨는 예전에 군인으로 말레이시아에서 복무한 경험이 있어 그곳에서 배운 카레나 사테 같은 아시아 요리도 판매하고 있었습니다. 팔고 남은 메뉴가 저녁 식탁에 오르기도 했는데 매우 맛있었습니다. 또 그들의 집에는 비글스라는 커다란 개 한 마리가 있었는데, 심심할 때면 방문을 머리로 밀고 들어와 한참 뒹굴다가 나가곤 했습니다. 세 살배기 로라와 일곱 살 먹은 줄리엣 자매도 저를 잘 따라 종종 함께 놀기도 했습니다. 마치 가족의 일원처럼 대해줘서 즐거운 스코틀랜드 생활을 만끽할 수 있었습니다.

어학원에 다니는 학생 대부분은 불가리아나 브라질 등에서 국비 장학생으로 온 유학생이었습니다. '세계'나 '사회' 같은 주제가 종종 이야기 테이블에 올라오기도 했습니다. 일본의 미래를 어떻게 생각하냐며 제게 물어오기도 했습니다. 다들 젊은 나이인데도 자신의 나라나 마을을 진지하게 대하고 있었습니다. 이것 또한 스코틀랜드에 와서 알게 된 사실이지요.

당시 어학원장은 '모머스[57]'라는 뮤지션의 아버지이자 세계적으로 명성이 자자한 플라이 낚시인이기도 했습니다. 저도 플라이 낚시를 한다고 했더니 수업이 없으면 낚시 이야기를 나누

---

57) Momus. 스코틀랜드 출신의 싱어송라이터이자 작가. 일본에서 활동하는 시부야계 외국인 뮤지션.

다구치 미키야야 군이 찍어 준 사진.

는 사이가 됐습니다. 그러던 중 어느 날 "가즈, 주말에 시간 있나?"라고 물어왔습니다. "네"라고 대답했더니, 친구가 고성을 하나 갖고 있는데 그 안에 강이 있으니, 가서 낚시를 해보라는 겁니다. 기쁜 마음에 바로 갔지요. 그때 롤랜드가 만들어준 송어 샌드위치를 손에 들고 송어 낚시를 했는데 정말이지 최고의 추억입니다.

어학원뿐만 아니라 일상생활이나 취미 생활을 해나가며 영어를 배울 수 있었던 덕분에, 세계에서 가장 어렵다고 여겨지는 '프로피션시(Proficiency)' 자격을 취득할 수 있었습니다. 다들 기적이라고 했지요. 아닌 게 아니라 영어를 모국어로 하지 않는 나라에서 영어 교사를 할 수 있는 자격증이니까요. 다시 말해 앞으로 저는 베네수엘라에서도 영어 교사로 일할 수 있다는 의미입니다. 언어는 사용하지 않으면 잊기 마련이라 몇 년 전에 후타코타마가와에 있는 무료 영어교실에 나가봤습니다. 기억을 되살려 영어로 말하는데 선생님이 "어디서 배웠어요?"라고 묻기에 "에든버러에서 케임브리지 프로피션시를 땄습니다."라고 말했습니다. 그러자 "프로피션시를 가진 사람은 처음 봤어요!" 하면서 놀라워했습니다. 제 입으로 말하긴 좀 그렇지만, 그만큼 귀한 자격증을 딴 겁니다.

아웃도어와 낚시를 다루는 잡지의 편집자가 돼 미국으로 취재 갔을 때도 스코틀랜드에서 영어 공부하길 잘했다고 느꼈던

적이 있습니다. 플로리다에 있는 '바글리(Bagley)'라는 세계적으로 인기 있는 낚시용품 제조회사에 들렀을 때 일입니다. 목제 루어를 사포질로 다듬거나 색을 입히는 공장 여성 노동자에게 말을 걸었는데 깔깔 웃는 겁니다. 그러면서 저보고 영어 어디에서 배웠냐고 묻더군요. 스코틀랜드라고 했더니 '역시 그렇구나' 하는 표정을 지으면서 이상한 억양으로 들린다며 또 웃었습니다. 이와 마찬가지로 새로운 곳으로 이주해 살아갈 때는 커뮤니케이션 도구를 갖추면 좋겠다고 생각합니다. 저의 경우는 스코틀랜드에서 익힌 영어라고 할 수 있는데 저의 '이상한' 영어 덕분에 취재 현장을 화기애애하게 만들 수 있어 매우 큰 도움이 됐습니다.

이중거점 사고를 일깨우는 일곱 가지 '소프트 인프라'

최근 들어 '소프트 인프라'의 중요성을 강조하고 다닙니다. 지역으로 청년을 끌어들이려면 행정의 넉넉한 이주 지원이나 육아 세대를 우선으로 하는 정책도 중요하지만, 지역으로 이주한 여러 청년을 취재하다 보면 어쩌면 그런 것보다 좀 더 가벼운 요인이 있는 게 아닐까 하는 느낌을 받습니다. 지금까지 많은 지역을 다니면서 다음의 일곱 가지 '소프트 인프라'가 있는 지역은 새로운 이주자가 나타나기 쉽다는 사실을 실감할 수 있었습니다. 이주와 관련해서 청년들이 '이곳이라면 즐겁게 지낼 수 있겠구나'라는 생각이 들게끔 등을 떠밀어주는 인프라로 관계인구 확산에도 도움이 될 겁니다. 이름하여 '소프트 인프라 7'입니다. 하나씩 소개해보겠습니다.

첫 번째는 맛있는 커피입니다. 지금 커피는 일본의 국민 음료라고 할 수 있을 정도로 다양하게 발전하고 있습니다. 커피를 마시고 안정을 얻고 싶다든가 아니면 커피를 마시는 것만으로도 행복을 느낀다고 말하는 사람이 있습니다. 혼자서도 즐길 수 있지만, 커뮤니티 안에서도 즐길 수 있는 음료인 커피는 '마음을 움직이게 하는 연료'라고도 할 수 있습니다. 다만, 깃사텐[58]의 커피보다 커피 스탠드처럼 테이크아웃도 가능한 새로운 감각의 커피가 좋겠지요.

두 번째는 인터넷 속도가 빠른 와이파이 환경입니다. '이주'를 '매슬로우의 욕구 5단계'라는 심리학 이론에 적용해 본다면 여섯 번째 욕구는 '와이파이 욕구'가 되지 않을까 싶을 정도로 와이파이는 중요한 요소가 됐지요. 제 중학생 아들은 어디를 가든 먼저 와이파이가 되는지부터 확인합니다. 마찬가지로 아키

---

58) 喫茶店. 커피나 홍차 등의 음료를 비롯해 간단한 음식까지 제공하는 동네 음식점. 커피 시장이 커지면서 대기업 계열 프랜차이즈 커피 전문점이나 카페 등이 늘어나면서 점점 입지를 잃고 있다.

타현 유자와시 고교생은 방과 후 시청에서 모인다고 합니다. 와이파이가 빵빵 터지기 때문이지요.

'자신의 능력을 발휘해 성장하고 싶다'라는 매슬로의 자아실현 욕구 차원에서도 젊은 세대에게 와이파이는 필수 조건입니다. 어른이라고 다르지 않습니다. 원격근무할 때 버퍼링이 생겨 음성이 깨지거나 아니면 최악의 경우 인터넷 연결이 끊어져 혹시 모를 중요한 기회를 놓치고 싶지 않을 테니까요. 이처럼 와이파이 환경은 모두의 생명선이라고 해도 과언이 아닙니다.

세 번째는 같은 세대 동료입니다. 또래 친구가 많다면 자신에게만 쏠리는 관심을 분산시킬 수 있습니다. 자신에게만 시선이 몰리는 것만큼 피곤한 일은 없으니까요. 물론 동료가 있으면 함께 무언가를 해볼 기회도 늘어나서 좋습니다. 또 패션을 즐기듯 같은 옷을 맞춰 입으면 자연스럽게 우리가 어떤 팀인지 알리는 동시에 동료 의식도 고양될 수 있겠지요. 가족도 마찬가지입니다. 지역에 비슷한 세대로 구성된 가족이 살고 있다면, 마을 정보를 공유하거나 고민거리도 털어놓을 수 있습니다. 지역부흥협력대를 지원한 친구를 따라 "나도 갈래!" 하면서 이주하는 청년 여성이 나오듯이 같은 세대가 모이면 새로운 동료를 끌어들이기 쉽습니다.

네 번째는 잘 꾸민 서점입니다. 책방 유무에 따라 마을 분위기는 확 달라집니다. 더구나 멋진 서점이라면 사람이 모이는 장소로서 마을의 아이콘이 될 수도 있습니다. 또 서점은 아이들이 호기심을 키우고 깨달음을 얻는 장소이기도 합니다. 도치기(栃木)현 우쓰노미야시 가마가와 지역에서도 크라우드 펀딩으로 자금을 모아 작은 서점을 열려고 하고 있습니다. 안 그래도 멋진 가마가와 지역이 더욱 근사해지겠지요. 이주하는 사람뿐 아니라 관계인구도 늘어날 것 같은 느낌이 듭니다.

다섯 번째는 활기찬 브루어리입니다. 브루어리 스태프가 활기차도 좋지만, 손님이 활기를 띠어도 좋습니다. 현지 농산물을 사용해 맥주를 만들 수도 있으니 지역 전체에 활기가 생길지도 모릅니다. 맛있는 커피와 상호 보완 관계가 되기도 하며, 정보 교류의 장이 되거나 이주 전 또는 이주 후 지역 주민과 관계를 맺는 장이 될 수도 있을 겁니다.

여섯 번째는 사용하기 편리한 공유 오피스입니다. 집에서 일하거나, 블로그를 작성하다 보면 조금 외로워지거나 작업이 막히는 순간이 있습니다. 그럴 때 공유 오피스 공간을 이용하면 기분 전환도 할 수 있고, 동료들과 정보 교류도 하면서 즐겁게 작업할 수 있다고 생각합니다. 저에게 최고의 공유 오피스는 하기·이와미(萩·石見) 공항 1층에 있는 회의실 공간입니다. 공유 오피스라고 내걸지는 않았지만, 와이파이 속도가 빠르고 냉난방도 잘 돼 있는 공간입니다. 심지어 무료입니다. 갈 때마다 거의 혼자뿐이어서 비행시간까지 집중해서 일할 수 있었습니다. 기회가 있다면 이용해보시기 바랍니다. 공유 오피스의 공유 공간과 개인실을 적절하게 이용하면 업무나 작업에 몰두할 수 있으면서도 동료들과 관계를 넓혀갈 수 있어 사용해볼 만한 가치가 충분합니다.

일곱 번째는 맛있는 빵집입니다. 특히 젊은 가족 세대가 가족과 함께 이주한 경우가 많아 간편하게 먹을 수 있는 빵을 더 선호하는 경향이 있습니다. 맛있는 빵집은 절대 조건이라고 해도 지나친 말이 아닐 겁니다. 얼마 전 이와테(岩手)현 가마이시(釜石)시에서 열린 부흥청 주최의 관계인구 워크숍에 초대받았을 때, 저와 같이 연사로 초대받아 가나가와(神奈川)현 마나즈루마치(真鶴町)에서 온 '마나즈루 출판'의 가와구치 슌(川口瞬) 씨가 있었습니다. 그가 연단에서 "미나즈루마치는 이주자에게 인기가 많은 곳인데, 아마도 빵집을 차리고 싶은 이주자가 있으면 모두가 그를 찾아가 극진하게 대접하기 때문이 아닐까 싶습니다."라고 말하는 겁니다. 웃으며 말했지만 그만큼 빵집은 중요합니다. 브루어리와 마찬가지로 현지 식재료를 사용하면 좋겠지요.

지금까지 '소프트 인프라 7'을 살펴봤습니다. 여러분의 지역은 어떤가요? 최근 들어 이십 대에서 사십 대를 중심으로 지역의 라이프스타일이 바뀌고 있습니다. 직접 로스팅하는 커피집이나 크래프트 맥주를 마실 수 있는 탭룸을 여러 지역에서 볼 수 있게 됐지요. 하지만 '소프트 인프라'가 아직 갖춰지지 않은 지

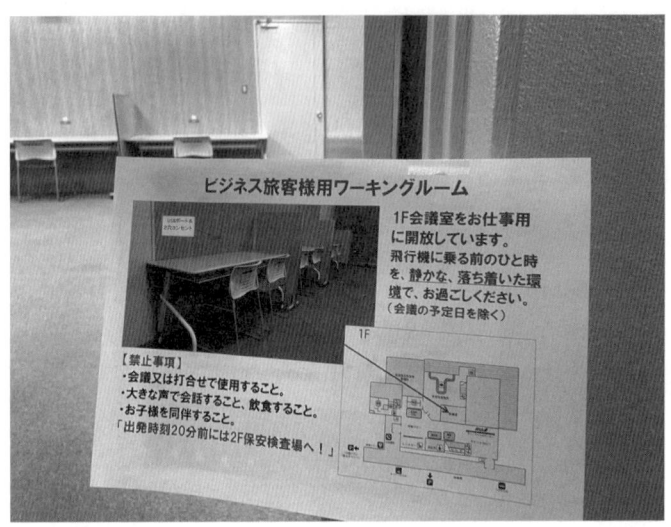

ビジネス旅客様用ワーキングルーム

1F会議室をお仕事用に開放しています。
飛行機に乗る前のひと時を、静かな、落ち着いた環境で、お過ごしください。
（会議の予定日を除く）

【禁止事項】
・会議又は打合せで使用すること。
・大きな声で会話すること、飲食すること。
・お子様を同伴すること。
「出発時刻20分前には2F保安検査場へ！」

1F

역도 많습니다. 다양한 라이프스타일이 가능한 지역이 되려면 '소프트 인프라'에 주목해주시기를 바랍니다. '소프트 인프라'를 갖춘다면 반드시 '뉴 이주자'들이 늘어나리라 생각합니다.

덧붙여 '뉴 이주' 특집 「소토코토」 2024년 5월호의 마지막에 소개한 군마현 마에바시 이야기를 해보겠습니다. 이곳은 '소프트 인프라'가 딱 알맞게 갖춰져 있었습니다. 또한 마을을 돕는다는 의미로 이름 붙인 '마치스턴트'[59] 서비스가 눈에 띄었습니다. 이를 담당하는 다나카 류타(田中隆太) 씨의 안내를 받으며 새로운 이주자와 원주민이 구슬을 꿰듯 관계를 쌓아가는 모습을 엿볼 수 있었는데, 앞으로 이곳이 더욱 즐겁고 활기 넘치는 마을이 될 것 같더군요.

다나카 씨는 마치스턴트 활동은 이주 정책이 아니라고 하지만, 마치스턴트 덕분에 소프트 인프라가 갖춰졌고, 결과적으로 이주자가 늘어났다는 느낌을 지울 수 없었습니다. 이처럼 마에바시는 뉴카야바 하고는 결이 다르지만, 또 다른 어른의 놀이공원처럼 '나에게도 동료가 생길 수 있구나' 하는 생각이 들게끔 마을 만들기를 하고 있었습니다. 여기서 소주가 커피로 바뀌고, 닭꼬치가 빵으로 바뀌면 '젊은이의 놀이공원' 같은 마을이 되겠

---

59) 마을(마치, まち)'과 '어시스턴트(アシスタント)'를 합쳐 '마치스턴트(マチスタント)'가 됐다.

지요. 새로운 사람이 원하는 '소프트 인프라'는 바로 이런 게 아
닐는지요.

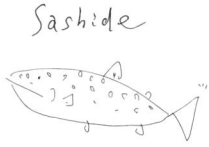

Sashide

제4장

이중거점 생활과 리제너레이션

재생하는 지속가능성이란?

　서스테이너빌리티는 잘 알려졌듯이, '지속가능성'이라는 의미입니다. SDGs(Sustainable Development Goals), 즉 지속가능 발전 목표의 첫 글자 'S'가 바로 지속가능성을 말합니다. 그렇다면 '리제너러티브'는 무엇일까요? 요즘 제가 자주 쓰는 단어인데, 한마디로 '재생하다'라는 뜻입니다. '리제너러티브 애그리컬처'는 재생형 농업을 의미하듯이 리제너러티브라는 개념은 농업에서 비롯됐습니다. 1960년대부터 퍼져나간 환경 재생형 농업이나, 1970년대에 호주의 빌 몰리슨과 데이비드 홈그렌이 제창한 퍼머컬처 또한 리제너러티브의 정신에 부합합니다.

　최근 들어 지속가능성에 관심이 다시 높아지면서 리제너러티브라는 말이 주목받고 있습니다. 더 나은 미래를 만들기 위한 방법을 모색하기 위해 농업이나 1차산업뿐 아니라 복지나 교육 분야에서도 전문성을 살려 해법을 궁리하다 재발견한 개념이라고 보시면 될 것 같습니다. 일직선형 정체가 아닌 나선형이나 우상향 같은 성장 곡선이라고 생각해도 좋습니다. 돌이켜 보면 지금보다 더 즐겁고, 풍요롭고 행복한 세상을 꿈꾸는 사람들이 등장하기 시작한 시기는 2020년대라고 느끼고 있습니다. 리제너러티브라는 단어가 농업이나 토양 환경 분야를 넘어 주목받는 이유도 바로 여기에 있다고 볼 수 있습니다.

지속가능성의 메타포 또는 상징으로 바다를 꼽을 수 있습니다. 특히 해양 플라스틱 문제가 심각한데, 바다거북의 경우 비닐봉지나 페트병 조각을 해파리로 착각하고 삼키기도 합니다. 강에서 바다로 흘러나간 플라스틱 쓰레기가 세월을 거쳐 미세플라스틱이 돼 바다거북뿐 아니라 물고기 몸속에서도 검출되는 상황이지요. 그런 영상을 보며 아이들이 가슴 아파하기도 합니다. 해양 환경이 더는 악화하지 않도록 미세플라스틱을 포함한 해양 플라스틱 오염 문제를 막아내야 합니다. 이처럼 지속가능성은 시각적으로 바다와 자연스럽게 연결됩니다. 예컨대 '지속가능한 해산물(Sustainable Seafood)'이라는 말도 있습니다. 해양 식량자원이 줄어드는 상황에서 이를 지속시켜야 한다는 논의가 1990년대부터 2000년대에 걸쳐 일어나면서 도출한 개념이지요. 양식산업을 제대로 구축하지 않으면 해양 식량자원이 부족해지기에 지속가능한 관점에서 해양 식량자원을 확보할 방안을 마련해야 한다는 이야기입니다. 그런 측면에서 '지속가능성=바다'라는 공식이 성립되고 바다가 지속가능성의 메타포로 작동하는 것이지요.

반면, '리제너러티브'라는 말은 땅, 다시 말해 육지를 염두에 놓은 말입니다. 그러니까 '지속가능성'의 뿌리가 바다라면 '리제너러티브'의 뿌리는 육지인 셈입니다. 이처럼 '리제너러티브'는 우리가 딛고 서 있는 대지에서 비롯됐다는 점이 특징입니다.

가령, 지난 10년을 돌아볼 때 어반 퍼머컬처나 도시형 농업이 주목받으며 인기를 얻어왔습니다만, 이것도 '리제너러티브'와 연결된다고 생각합니다. 앞서 언급했듯이 '리제너러티브'의 뿌리는 토양을 복구하고 자연환경을 회복하는 환경 재생형 농업에 있지만, 이제는 사회나 마을 만들기 분야에서도 널리 사용하는 말이 됐습니다. 그렇다면 제가 말하는 '리제너러티브'는 어느 쪽일까요. 포괄적 의미로 받아들여 주시면 좋겠습니다. '지속가능성'이 무언가로부터 막아내고 또 무언가를 지속시키는 일이라면, '리제너러티브'는 막아내고 재생하는 일이라고 저 나름대로 정리하고 있습니다. 쉽게 말해 '리제너러티브'는 기존의 장소나 시스템을 개선하고, 사람들이 더 행복해질 수 있도록 노력하는 행위가 아닐까 싶습니다.

그런데 왜 이런 이야기를 2024년이 된 지금 꺼내고 있을까요. 사실은 제가 좋아하는 청년들로부터 영향을 받았습니다. 지역 활성화나 마을 만들기 또는 미래 비전을 만들고 있는 청년 그룹이지요. 몇 년 전부터 그들은 '리제너러티브'란 말을 자유롭게 쓰고 있었는데, 워크숍 행사나 토크 세션에 가봐도 '리제너러티브' 관련한 이야기를 자주 들을 수 있었습니다. 그때 '리제너러티브'가 사회 분위기로 형성되고 있는 걸 느꼈고, 그 후부터 저도 종종 쓰고 있습니다.

그러다 지난 2024년 봄, 오랜만에 샌프란시스코에 갔다가 새

삼 리제너러티브'를 의식하게 된 일이 있었습니다. 그렇다고 뭔가 새로운 바람을 느끼려 하거나, 새롭게 벌어지는 뭔가를 보러 간 건 아닙니다. 그저 나의 맥북을 애플센터가 있는 고향에 데려가는, 고향 방문 정도의 작은 행복을 느끼는 게 목적이었습니다. 팔로알토와 스탠퍼드대를 둘러보거나 서해안의 상쾌한 바람을 쐬고 온 것이지요. 그런데 그때 문득 깨달았습니다. '혁신'의 본고장이라고 할 수 있는 도시인데도 도쿄와 달리 거리에 SDGs 17개 패널이 거의 보이지 않았습니다. 일본이라면 교육기관이나 혁신의 현장에는 반드시 SDGs의 알록달록한 유니버설디자인 패널을 찾아볼 수 있는데 그곳에는 없었던 겁니다. 어쩌면 다른 그래픽이 너무 멋져 17개 패널을 못 보고 지나쳤을 수도 있지만, 2주 남짓 체류하면서 적어도 미국이 SDGs를 열심히 하고 있다는 인상은 받지 못했습니다.

하지만 단어로서 '리제너러티브'는 자주 볼 수 있었습니다. 예컨대 '하와이를 재생하자'는 식으로 이곳저곳에서 '재생'이라는 단어가 요즘 미국에서 유행하는 키워드라도 되는지, 제법 눈에 띄었습니다. 서해안, 특히 샌프란시스코라서 그런지 '지속가능성'보다 '재생' 분위기가 더 강한 느낌이었습니다. 물론 저의 편향된 시각일지도 모르지만요.

찾아보면 실제로 SDGs는 유럽이 주도하는 EU형 환경 대책에 가깝습니다. SDGs를 실천하는 국가 순위도 대체로 북유럽

이나 EU 관련 국가가 상위권을 차지합니다. 미국은 40위 정도에 머물러 있습니다. 그렇다고 미국이 노력을 기울이지 않는 건 아닙니다. 사회나 환경을 좋게 만들기 위한 접근 방법이 다를 뿐 환경 문제에 나름대로 노력하고 있습니다. SAF[60] 같은 지속가능한 연료에도 힘을 쏟고 있지요. 여하튼 미국은 선택지로 '지속가능성'보다 '재생'을 선택한 게 아닐까 싶습니다. 그러한 미국의 분위기를 느끼고 돌아온 저도 '재생'을 자주 입에 올리고 있습니다만, 부연하자면 SDGs도 결국 '재생'이라고 말하고 싶습니다. SDGs는 대부분 발전이 목표이지 저지하고자 하는 게 아닙니다. 따라서 앞으로는 SDGs에서 '리제너러티브·서스테이너빌리티' 같은 표현도 가능하지 않을까 싶습니다. '재생하는 지속가능성'이라든지, '재생형 지속가능성'처럼 말이지요. 영어 표현 그대로이지만 '리제너러티브·서스테이너빌리티'와 같은 사고방식을 지금 일본이 지향해야 하지 않을까 싶습니다.

일본에도 '지속가능성'이나 '재생'을 생각하는 데 참고할 만한 좋은 책이 나와 있습니다. 기본적으로는 폴 호컨이 쓴 『재생: 기후위기, 지금 세대에서 끝낸다』[61](야마토케이코쿠샤)가 있습니

---

60) 지속가능한 항공 연료(Sustainable Aviation Fuel)의 약자로 항공 업계에서 기존 항공 연료를 대체하기 위해 사용되는 친환경 연료를 말한다.

61) 일본어판: 『リジェネレーション 再生 気候危機を今の世代で終わらせる』(山と渓谷社. 2022/3/19)
한국어판: 『한 세대 안에 기후위기 끝내기』(글항아리사이언스. 2022/2/25)

다. 환경 재생이라는 큰 틀에서 쓴 책입니다. 또 한 권은 도쿄대 연계연구기구 부동산 이노베이션 연구센터(CREI)에서 펴낸 『커먼즈 재생: 장소와 지구를 잇는 관계 만들기』[62]라는 소책자입니다. '커먼즈'라는 단어에서 알 수 있듯이 장소에 관한 '재생' 연구 논문이 실려 있어 큰 참고가 된 책입니다. '리제너러티브'로 검색하면 다른 책도 나오리라 생각하지만, 특히 2024년 들어 건축이나 도시디자인 분야에서 '리제너러티브'를 많이 언급하고 있는 것 같습니다.

자, 어려운 공부는 이 정도에서 끝내고 지금부터 제가 생각하는 '리제너러티브'는 어떤 이미지인지 이야기해보려고 합니다. 먼저 요즘 제가 푹 빠져 있는 만화 이야기를 해보겠습니다. 오랜만에 다시 읽기 시작했는데, 이번이 세 번째네요. 바로 『나쓰코의 술(夏子の酒)』[63]이라는 작품인데 1988년에 초판이 나왔습니다.

간단한 줄거리를 설명하자면, 니가타에 있는 사에키주조(佐伯酒造)라는 작은 양조장 집 딸 나쓰코는 도쿄에서 카피라이터로서 성공을 꿈꿉니다. 그러다 대형 양조회사의 카피를 맡게 되는

원서: *Regeneration: Ending the Climate Crisis in One Generation*, Paul Hawken (Penguin Publishing Group. 2021/9)

62) 『Regenerative Commons － 場所と地球がつづくための関係づくり』

63) 국내에서는 학산문화사가 '나츠코의 술'이라는 제목으로 출간했다.

데 그 과정에서 본가 양조장에서 빚는 니혼슈[64]와 소비자가 원하는 니혼슈의 차이가 크다는 사실을 깨닫습니다. 한편, 가업을 잇기로 한 오빠가 병으로 쓰러지는데, 결국 나쓰코는 오빠를 대신해 '다쓰니시키(龍錦)'라는 환상의 쌀로 술을 빚어 가업을 이어가는 이야기입니다. 그런 나쓰코가 '쓰키노쓰유'라는 술을 만드는데, 실제 모델은 니가타현 나가오카에 있는 '구스미주조'라는 양조회사입니다. 그 회사가 '가메노오'라는 술쌀을 부활시킨 이야기를 참고한 듯합니다. 만화에서는 다쓰니시키라는 이름의 쌀로 나오는데, 유기농법으로 부활시키지요. 한마디로 니혼슈 문화와 지역의 농업을 재생하는 이야기라고 할 수 있습니다. 지금이야 흔히 볼 수 있는 스토리지만, 마치 U턴 청년들이 지역의 매력을 발견하고, 지역 주민과 함께 마을의 미래를 생각하면서 무언가를 시작하는 이야기와 같습니다. 그런 이야기를 『나쓰코의 술』이 니혼슈와 농업을 모티브로 삼아 일찍이 보여줬다는 사실을 새삼 느끼고 있습니다.

전권(12권)을 갖고 있어 장인 장모님에게 빌려드린 적이 있는데, 원래 장모님은 니가타의 쓰난마치(津南町)의 양조장 집에서 나고 자란 터라 매우 재미있게 읽었다고 합니다. 술을 잘 드시지

---

[64] 日本酒. 쌀과 누룩, 물을 원료로 일본 전통 방식으로 빚은 발효주. 세이슈(清酒)라고도 한다. 한국에서는 흔히 '사케'라고 부른다.

않는 장인어른 또한 흥미롭게 읽었다고 하네요.『나쓰코의 술』은 오제 아키라(尾瀬あきら)의 작품인데 컷 분할을 비롯해 구성이 매우 뛰어나 가슴을 뛰게 만듭니다. 제가 굉장히 좋아하는 만화가라『모닝』잡지에 연재할 때도 읽었지만, 세 번째 읽는 지금이 더 깊이 와닿는 것 같습니다. 바로 이런 게 재생 즉 '리제너러티브' 가 아닐까 싶습니다. 여담이지만, 만화 속에서 '쓰키노쓰유' 의 라이벌 제품으로 나오는 '비센(美泉)'을 만드는 곳은 후쿠이의 작은 양조장 '우쓰미주조'인데, 이곳은 현존하는 '고쿠류주조'를 모델로 삼았습니다. 고쿠류도 정말 맛있는 술입니다.

그리고 지금 읽기 시작한 책이 있는데 정말 좋은 내용이라 소개하려고 합니다.『활엽수의 나라 프랑스』[65]라는 책입니다. 사실 일본은 세계적으로 산림 대국이지만, 1인당 산림면적은 프랑스가 일본을 뛰어넘습니다. 2019년 파리 노트르담 대성당이 화재를 겪었을 때, 프랑스 국민뿐만 아니라 전 세계가 슬픔에 잠겼었지요. 그 노트르담 재건에 쓰인 목재가 프랑스산 오크를 비롯한 활엽수입니다. 책에 의하면, 프랑스는 과거 전쟁으로 산림을 크게 훼손해 산림면적이 한때 10퍼센트까지 떨어졌다고 합니다. 하지만 적지적수[66]로 다양성이 풍부한 숲으로 되살려 지금은 임

---

65)『広葉樹の国フランス:「適地適木」から自然林業へ』가도와키 히토시(門脇仁) 저, 築地書館 (2024/5/18)

66) 適地適樹. 한 입지에 가장 잘 적응할 수 있는 수종의 나무를 심는 일.

업을 잘 유지하고 있습니다. 이것 역시 '재생'이라고 할 수 있겠습니다. 프랑스는 농업이 발달했지만, 임업도 국책 사업으로 관리하고 있어 산림정책이나 산림을 대하는 태도 등을 일본도 배워간다고 합니다. 아직 1장밖에 읽지 못했지만, 매우 흥미로운 책이라『나쓰코의 술』복습이 끝나는 대로 집중해서 읽을 생각입니다.

프랑스 하면 많은 사람이 '바캉스의 나라'를 떠올릴 테지만, 사실 바캉스도 국책 사업으로 시작했다고 합니다. 도입 초기에는 "15일(그러다 약 한 달로 늘어남)이나 쉬면 업무에 복귀하지 못할 수도 있고, 경제가 침체하지 않을까?" 같은 우려의 목소리가 있었다고 합니다. 하지만 바캉스는 애초의 목적대로 파리에 집중된 인구와 경제를 지방으로 분산하는 효과를 가져왔습니다. 지금은 프랑스 문화로 자리 잡았음은 물론 바캉스나 베케이션이라는 말이 전 세계로 퍼져나간 계기가 됐습니다. 한 나라의 문화나 전통은 먼 옛날부터 면면히 이어져 온 것처럼 생각하기 쉽지만, 의외로 최근에 생겨난 문화인 경우가 많고, 심지어 의도에 따라 조작도 가능하다는 사실을 바캉스의 유래를 조사하다 깨닫게 됐습니다. 지역 활성화 과정에서 지역 전통을 지켜야 할지 말지 고민하는 상황에 이르렀을 때, 이런 점을 염두에 놓으면 좋지 않을까 생각합니다.

ALL SOPHIANS' FESTIVAL 2024

저는 1992년부터 아웃도어나 낚시, 그리고 생태나 소셜 관련한 잡지를 30년 가까이 만들어왔습니다. 「소토코토」를 격월간이나 계간지로 발행하기 전까지는 줄곧 월간 주기로 만들어 왔으니 아마 수백 권이 넘을지도 모르겠네요. 그래서인지 월간 사이클의 삶이 몸에 배어 굳어진 것 같습니다. 하지만 세상의 흐름을 더 이상 거스를 수 없어 올해부터는 종이 매체의 발간을 줄이고 온라인에 중점을 두기로 했습니다. 다시 말해 「소토코토」를 정기적으로 발행하기보다는 필요에 따라 일 년에 한 번 발행하거나 온라인으로 연재한 '온 더 로드' 같은 칼럼을 단행본으로 엮는 식으로 꾸려나간다고 봐주시면 되겠습니다. 그 대신 온라인에서는 특집이나 연재 기사를 강화하고, 지자체나 기업 활동 등을 새로운 형식에 더욱 재미있는 콘텐츠를 풍성하게 채워나갈 예정이니 많이 봐주시면 감사하겠습니다.

「소토코토」를 발행하다 보면 지속가능성이나 재생 관련해 다양한 의뢰가 들어옵니다. 지역 활성화 업무는 물론 프로젝트 상담 요청도 많지요. 그런데 얼마 전 운명 같은 의뢰가 들어왔습니다. 바로 저의 모교인 조치대학의 ALL SOPHIANS' FESTIVAL 2024 집행위원장 역할이었습니다. 매년 5월에 개최하는데, 대학 동문(OB)과 재학생이 1만 명이나 모이는 큰 행사로 꽤 오래 이어온 전통입니다. 집행위원장을 맡고 나서는 일주일에 한 번 학교가 있는 요쓰야(四谷)에 가거나, 온라인 회의를 여는 등 각 이벤트 팀과 여러 차례 회의를 거듭하곤 했습니다.

조치대학은 일본에 배움의 장을 만들고 싶었던 프란치스코 하비에르의 주도로 예수회가 창설한 대학입니다. 요쓰야 캠퍼스는 지요다구 기오이초에 있으며, JR이나 도쿄 메트로 요쓰야역에 내리면 바로 있습니다. ALL SOPHIANS' FESTIVAL 참가는 이번이 두 번째로 지난 2016년에는 게스트로 초대받아 '서점 대상'을 창설한 '하쿠호도 케틀'의 시마코 이치로(嶋浩一郎) 대표와 대담을 나누기도 했습니다. 시마 씨는 법학과 출신으로 재학 시절부터 알고 지낸 사이입니다. 재미있는 기억은 유학길에 오를 때 저는 영국으로 그는 이스라엘로 갔는데, 우연히 같은 비행기에서 만났던 일입니다. 그것도 바로 옆자리였지요. 우리는 런던 히스로 공항에서 헤어지고 1년 후 귀국했는데 학교 세미나 수업에서 또 만난 겁니다. 그런 인연으로 지금까지 친하게 지내고 있습니다.

시마 씨는 시모키타자와에서 우치누마 신타로(内沼晋太郎) 씨와 함께 서점 '비앤비(B&B)'를 운영하고 있는데, 조치대 페스티벌이 열리는 하루 동안 팝업 서점을 열어 그곳에서 대담을 진행했던 것이지요. 그때는 또 영화 프로듀서이자 역시 조치대 졸업생인 가와무라 겐키(川村元気) 씨가 강연하기도 했는데, 가와무라

씨는 인기가 많은 사람이라 엄청난 열기를 띠었습니다. 그런 사람 옆에서 시마 씨와 제가 오타쿠처럼 '신미치도오리'[67] 이야기를 했던 일이 풍경처럼 아른거리네요. 그런데 이번에는 그런 기획을 총괄하는 사람으로 참여하게 된 겁니다.

회의 참석으로 오랜만에 조치대로 발걸음을 옮기니 변한 구석도 있었지만, 여전히 그대로 느껴졌습니다. 캠퍼스가 요쓰야 한복판에 자리하고 있어 확장할 일이 없었겠지만, 같은 장소 일정한 부지 안에 아담하게 모여 있는 모습은 제가 다니던 시절과 다름없더군요. 구글 어스로 캠퍼스를 내려다보면 의도한 것인지 모르겠지만, 십자가 모양의 메인 스트리트가 있고 중앙 교차로에는 학교의 상징인 독수리 마크가 그려져 있습니다.

마크 속 'Lux Veritatis'라는 글자는 라틴어로 '진리의 빛'이라는 의미인데, 독수리 마크 교차로는 학생들이 오가면서 서로 소통하는 데 큰 역할을 하고 있습니다. 각자 강의실 건물이 다르더라도 웬만하면 메인 스트리트를 거쳐야 해 강의실로 향하다 보면 반드시 동기나 선후배를 만나게 되니까요. 한 번 왕복할 때마다 친구나 아는 사람 열 명에서 열댓 명 정도는 만납니다. "안녕"이라든지 "이따 동아리 미팅 올 거지?" 같은 짧은 인사를 나눈 후 "그럼, 난 수업 때문에 먼저 갈게." 하면서 각자 다음 강의실로 향

---

67) しんみち通り. 조치대가 있는 요쓰야역 앞의 상가 거리를 말한다.

합니다. 요즘 보면 대학 캠퍼스가 점점 교외로 빠져나가고 있는데, 같은 학부 학생들만 마주치게 되는 교외형 캠퍼스와 달리 조치대는 소통의 밀도가 매우 높은 곳입니다. 이런 측면에서 바라보면 마을 만들기에도 큰 참고가 되지 않을까 싶습니다.

예를 들어, 포틀랜드는 마을 모퉁이나 건물 1층에 카페를 만들어 사람들이 자연스럽게 만날 수 있는 구조로 설계하고 있습니다. 조치대도 8호관 모퉁이에 필로티 광장이 있어서 학생 대부분이 약속 장소로 사용하고 있습니다. 그곳에서 친밀한 이야기를 나누기도 하고, 그늘 밑에서 편안히 쉬기도 하는데, 그때마다 반드시 지나가는 동료를 만나게 됩니다. 졸업한 지 벌써 30년 가까이 지났지만, 여전히 그런 광경을 볼 수 있어 기뻤습니다. 학생들이 즐겁게 손을 흔들며 인사하거나 대화하는 모습을 보고 있자니, 혹시 이 메인 스트리트는 애초부터 그런 의도로 설계된 것이 아닐까 하는 느낌이 들었습니다. 정말 그렇다면 훌륭한 커뮤니티 디자인이 아닐 수 없습니다.

십자 교차로와 달리 변한 풍경도 있습니다. 최근 몇 년 사이에 생긴 '소피아 타워'라는 6호관 건물입니다. 커다란 고층 빌딩으로 6층까지는 학생이 사용하고, 1층 일부의 상업 공간과 7층부터는 은행이나 일반 기업에 임대를 놓은 듯 보였습니다. 군마현 청사의 비어 있는 공간에 액센츄어를 비롯한 여러 기업이 입주하려고 하듯이 대학 캠퍼스도 변하고 있습니다. 기업에 임대하

는 만큼 수익으로 이어질 테고, 나아가 산학 협력의 기회가 되겠지요. 이처럼 결코 넓다고 볼 수 없는 대지에 건물이 인접해 있는 구조가 마치 콤팩트 시티처럼 작용했는지는 모르겠지만 '소피아 타워'라는 하이브리드형 캠퍼스가 생겨난 점이 인상적이었습니다. 제가 다녔던 시절에는 캠퍼스 안에 이공학부와 문학부 구분이 있는 느낌이었다면, 지금은 섞여 있는 형태인 것 같습니다.

9호관 '액티브 커먼즈' 위에는 지속가능성을 테마로 한 옥상 정원을 조성해 학생들의 휴식 공간으로 사용하고 있었습니다. 그래픽 사인도 통일감 있게 깔끔하게 잘 돼 있더군요. 하지만 무엇보다 조치대의 역사적 존재감을 상징적으로 드러내고 있는 벽돌조 건물 1호관이 메인 스트리트에 아름답게 잘 보존돼 있었습니다. 왠지 학교 자랑을 늘어놓은 셈이 됐지만, 문득 이런 구조를 어디선가 본 것 같아 생각해봤더니 바로 일본의 '사토야마'[68]였습니다.

사회성을 띠는 사회

일본의 사토야마는 원래 좁은 마을 안에 밭이나 논이 있는 곳

---

[68] 里山. 마을 주변의 산기슭에서 평야로 이어지는 지대에 형성된 산촌.

을 말하는데, 그곳에서 계절에 맞춰 행사를 치르기도 했습니다. 하지만 지금은 교외형 대규모 농지로 정리해 트랙터가 쉽게 드나들기도 합니다. 예전의 사토야마는 사람뿐 아니라 다른 동·식물도 생명을 키우기 위해 서로 시간이나 계절을 달리하면서 함께 살아가는 관계성이 있는 곳이었습니다. 그러나 지금은 논밭지대는 경작지로만 사용할 뿐 마쓰리[69]도 치르지 않는, 사토야마적 관점이 사라진 마을이 돼 버렸습니다. 그것이 오늘날 일본 교외의 모습입니다.

미국 역시 농장은 농장, 농지는 농지대로 사용하고 있습니다. 도시도 마찬가지로 도심은 도심, 주거지역은 주거지역대로 명확히 구분하는 구조로 돼 있지요. 이와 달리 일본에는 예부터 경계의 모호성이 있었습니다. 자연 속 생물에서 먹을 것을 얻으면서 지역 유지를 위해 소중한 축제도 여는, 말하자면 '중첩된 느낌'이 있었고 그것이 일본다운 모습이었습니다. 하지만 사토야마의 모습은 점차 사라지고 말았지요. 하지만 사토야마에 원래 있었던 '중첩된 느낌'을 요쓰야 캠퍼스에서 받을 수 있었습니다. 정말 좋은 배움터에서 공부했다는 감회에 젖어 캠퍼스를 거닐었습니다.

그런데 무엇이든 무턱대고 재생한다고 '리제너러티브'가 되

---

69) お祭り. 지역마다 내려오는 마을 축제.

는 건 아니라고 생각합니다. 굳이 재생시키지 않아도 상관없는 것이 있을 테니까요. 전부 바꾸는 건 재생이 아닙니다. 예를 들어 서기 1년에 모든 사람이 태어나 서기 100년이 되면 일제히 죽고, 다시 서기 101년부터 똑같은 수의 새로운 인류로 교체되는 식이 아니듯이 모두는 중첩되면서 살아가고 있습니다. 그것이 사회이지요.

바꿔 말해 지표면이나 지층(간토 롬층[70]이 아니어도)처럼 인간 세계도 같은 공간 안에 여러 시대가 조금씩 뒤섞이면서 이루어집니다. 인간 본래의 살아가는 방식이 그렇습니다. 무엇이든 재생할 필요가 없는 이유가 여기에 있습니다. 단, 앞으로 어떤 것을 남겨놓아야 할지 검증은 필요하겠지요. 이처럼 한 번에 리셋하거나 재부팅하지 않는 게 제가 가진 '리제너러티브'에 대한 생각입니다.

예를 들어 지금 고베에서는 가야바[71] 재생 작업이 이뤄지고 있습니다. 앞서 언급했던 『커먼즈 재생: 장소와 지구를 잇는 관계 만들기』에도 소개한 바 있지만, 실제로 오래된 가옥의 초가지붕을 복원하려는 움직임이 고베뿐 아니라 야마가타에서도 일어나고 있습니다. 고베에 사는 초가지붕 장인 사가라 이쿠야(相良育

---

70) Kanto loam , 關東黏土 , 關東ロ―ム層 :일본 관동지방의 대지, 구릉지 상부에 넓게 분포하는 적갈색의 화산재질 점성토의 명칭. (출처:대한건축학회 건축용어사전)

71) 茅場. 일본 초가 지붕의 주재료인 억새를 얻기 위한 장소.

弥) 씨는 기타구에서 가야바를 재생하고 있습니다. 그렇다고 "초가지붕 시절이 좋았지."라는 태도로 고지식하게 옛날 방식만을 따르는 건 아닙니다. 사계절의 자연스러운 변화에 따라 젊은 세대의 '리제너레이션' 감각을 담아 지붕을 교체하고 있습니다. 더구나 자신이 사는 곳 근처의 가야바에서 억새를 얻는 일에 가치를 느끼며 실천하고 있습니다. 바로 이런 지점이 중요하지 않을까요. 전국적으로 초가지붕을 부활시키는 건 지나친 욕심이겠지만, 초가지붕을 되살리고 싶은 마음을 공유하는 사람이 곳곳에서 움직이는 게 '재생형 지속가능성'이 아닐까 생각합니다. 정말이지 너무 멋진 사람이라 언젠가 꼭 만나보고 싶습니다.

조치대 이야기를 조금 더 해보겠습니다. ALL SOPHIANS' FESTIVAL 2024에 오프라인은 물론 온라인으로도 많은 방문객이 올 수 있도록 준비하려면, 사회인만으로 구성한 집행 위원단으로는 운영하기 어려운 상황이었습니다. 그런데 재학생들이 도와주기로 한 겁니다. 조치대에는 재학생이 주최해 가을에 여는 '소피아 축제'라는 큰 행사가 있는데, 소피아 축제 집행위원회 학생 약 200명이 ALL SOPHIANS' FESTIVAL 2024 준비에 함께 참여해 모두가 즐거운 하루를 보낼 수 있도록 도운 것이지요. 학생들이 적극적으로 참여하는 모습을 보면서 요즘 학생은 어떤 것에 흥미를 느끼는지 또 어떤 사고방식으로 살아가는지 느낄 수 있었습니다.

옛날이야기입니다만, 우리 세대 그러니까 1980년대, 90년대 대학에서 가장 인기가 높았던 동아리는 테니스부였습니다. 저야 그다지 인기 없는 산악부였지만, 당시에는 테니스 동아리처럼 다 같이 즐길 수 있는 액티비티 동아리에 학생이 몰렸습니다. 그와 달리 축제 기획이나 진행은 그와 반대로 뒤에서 지원하는 쪽에 가깝습니다. 프로젝트 매니지먼트라든가 세세한 예산 관리 업무처럼 말이지요. 하지만 지금의 소피아 축제 집행위원회는 경쟁률 8대 1에 이를 정도의 인기 커뮤니티라고 합니다.

인기 동아리에 들어가 즐기거나 동아리 주요 멤버로 활동하거나 아니면 무대에 올라 무언가를 펼치듯이 성취감을 쫓기보다는 다른 형태의 즐거움을 만끽하고 있는 겁니다. 제가 학교 다닐 때 그런 일에 관심을 두지 않았기 때문인지도 모르겠지만, 수많은 학생이 수업이 끝나자마자 미팅을 갖더니 어느새 당일의 이벤트를 성공적으로 수행하더군요. 행사가 끝나자 그날 바로 각종 철수 작업을 마치고 다음 날 다시 강의장으로 향하는 모습을 보면서 오히려 제가 좋은 프로젝트를 경험한 것 같아 진심으로 고마웠습니다.

그동안 이처럼 '두근거리는' 프로젝트를 「소토코토」에서 소개해왔는데, 다 함께 무언가를 만들어내거나 프로젝트로 실현하는 즐거움이 캠퍼스 생활의 선택지 중 하나가 되고, 학생들이 재미있어하는 모습을 지켜보자니 일본어로는 이상한 표현이지만 "사회가 사회성을 띠게 됐다."라고 말하고 싶습니다. '재생'하고는 직접 관련이 없을지도 모르지만, 옛날과 똑같은 모습의 전통으로 이어지는 게 아니라 지금 시대 분위기에 맞게 변화하고 있는 건 좋은 현상이라고 생각합니다.

조금 다른 이야기이지만, 조치대는 약 4년 전에 캠퍼스 미인대회를 폐지했다고 합니다. 외모 지상주의를 좇기보다는 사회에 공헌하는 사람에게 표창을 수여하는 방식으로 방향 전환을 한 것이지요. 'for Others with Others(타자를 위해, 타자와 함께)'라는 교육 이념을 실천하고 있는 것 같아 "조치대를 나와 다행이다"라고 SNS에 올리기도 했습니다.

저녁 무렵 조치대에 가보면 수업을 마친 학생이 우르르 쏟아져 나오는데, 많은 학생이 가슴에 'SOPHIA' 로고가 새겨진 맨투맨이나 후드티를 입고 있습니다. '소피아 저지', 줄여서 '소자'[72]라고 합니다. 멋진 유니폼이지요. 'SOPHIA'라는 영어가 주는 느낌도 나쁘지 않고, 다른 옷과 맞춰 입기도 좋아 패션 아이템으로 많은 인기를 얻고 있습니다. 5월이면 갓 입학한 1학년들도 소자 행렬에 가세한 모습을 볼 수 있습니다. 조치대 캠퍼스만의 특징이지요.

---

72) 원문은 소피아 쟈지(ソフィアジャージ, SOPHIA Jersey)를 줄인 'ソジャー', 발음은 '소쟈'에 가까우나 일본어 외래어 표기법에 따라 '소자'로 표기함.

지난 5월에는 중학교 3학년생 아들의 학교축제에 다녀온 적이 있습니다. 중·고교가 함께 있는 고베의 한 학교인데, 축제 준비위원회 학생들이 매우 즐겁게 일하는 모습을 보면서 처음에는 그 학교만의 교풍인 줄 알았습니다. 하지만 간사이 지방의 중고생과 도쿄 요쓰야의 대학생 모두가 즐거운 시간을 만들어 가는 감각은 매우 비슷하다는 사실을 알게 됐습니다. 역시 사회가 사회성을 띠게 됐다고 생각했습니다.

참고로 아들은 테니스부라 축제에 놀러 온 초등학생에게 테니스를 가르쳐주는 프로그램을 맡았습니다. 덕분에 축제 준비위원회에 들어오라는 제안을 받았다며 기뻐했으니 내년에는 하게 될지도 모르겠네요. 그런 경험은 반드시 즐거운 추억으로 남으니 꼭 도전해보라고 말해줬습니다.

고기와 인구의 딜레마

제가 일 년에 두 번 정도 즐기는 일이 있습니다. 바로 시마네현 계곡에서 하는 낚시입니다. 최근 3년 동안 계속 다녀왔고 올봄에도 다녀왔지만, 여름은 또 다른 분위기가 있어 좋더군요. 그곳이 어디냐면 이와미 지방 주고쿠 산지(山地)입니다. 제가 시마네현 '시마코토 아카데미' 관계인구 강좌에서 메인 강사를 맡은

지가 어느새 13년째입니다만, 오히려 제가 지역이나 마을 만들기 관련해서 많은 걸 배울 수 있어 감사하고 또 그만큼 이상으로 좋아하는 곳입니다. 더구나 제게는 낚시의 즐거움을 주고 있습니다. 보통 1박 2일 일정으로 다니면서 고쓰(江津)역 앞 호텔에서 묵는데, 종종 고쓰시청에서 일하는 마쓰시마 야스노리 씨와 함께 하기도 합니다.

가면 주로 '고기(ゴギ)'라는 물고기를 낚습니다. 고기는 주고쿠 지방에 사는 곤들매기 아종으로 매우 귀해 보호받고 있는 물고기라 어느 강인지 말할 수 없지만, 깨끗한 물이 흐르는 계곡에만 서식합니다. 이와미 지방은 고추냉이로 유명하지만, 용천수가 풍부하고 차가운 강물이 많은 지역으로도 알려져 있습니다. 곤들매기도 귀엽지만, 고기는 한층 더 사랑스러운 느낌입니다. 머리 쪽에는 하얀 점들이 박혀 있으며 빼꼼하게 뜬 눈에서는 느긋함과 걱정이 동시에 느껴지는, 곤들매기의 친구 정도 되는 녀석입니다.

그런데 왜 '고기'라고 불렀을까요. 다들 '불고기' 좋아하실 텐데 유래가 거의 같습니다. 옛날 주고쿠 산지는 다타라 제철[73]이 성했던 지역으로, 많은 다타라 장인이 한반도에서 집단 이주해 온 곳입니다. 그 장인들이 이름을 붙였겠지요. 고기라는 말은

---

73) 製鉄. 풀무와 용광로를 사용해 철을 만드는 공법.

'먹을 수 있는 동물의 살' 정도의 의미로 '산속 계곡에서 얻은 고기=고기'가 된 듯합니다. 이처럼 '고기'라는 물고기 이름은 다타라 제철이라는 역사와 관련 있어 보입니다. 당시 최첨단 소재였던 철 생산지 이와미 지방은 일본을 대표하는 테크노시티였던 셈이니 다양한 문화도 꽃피웠을 겁니다. 고기도 바로 그중 하나겠지요. 그런 역사와 문화의 흔적을 느낄 수 있어 낚시의 소소한 즐거움이 더해집니다.

덧붙여 말하자면, 우리는 원시림을 보존해야 한다고 쉽게 말하고는 합니다. 하지만 주고쿠 산지뿐 아니라 영국이나 프랑스 등에서 에너지원으로 낙엽수나 활엽수를 지나치게 많이 사용한 결과 민둥산이 된 역사를 목도한 바 있습니다. 다시 말해 목재의 가치가 엄청났던 시절, 예컨대 제철 산업을 일으키려 했던 시대에는 어느 나라든 주고쿠 산지처럼 산림을 거의 훼손할 정도로 벌목했던 역사가 있는 법입니다.

사람들은 주고쿠 산지를 자연림이라고 말합니다. 하지만 제가 볼 때 기본적으로는 혼합림 형태로 되살린 인공 산림에 가깝습니다. 구리 광산이 있던 아시오(足尾) 지역도 지금은 제대로 식생이 복원돼 활엽수가 자라고 있지요. 이처럼 한 번 사라졌더라도 원래 모습으로 돌릴 수 있으니 우울해할 필요는 없습니다. 사람들이 자연계의 복원력을 믿고 적절하게 대처해 나간다면 제대로 되살릴 수 있지 않을까 생각합니다. 그런 의미에 볼 때, 여전히

고기가 서식할 정도로 깨끗하고 아름다운 활엽수림이 있는 주고쿠 산지에서 낚시를 한다는 건 내가 살아 있음을 확인하는 일이기도 합니다. 매우 즐거운 시간이지요.

밤에도 즐거운 시간이 이어집니다. 고쓰역 앞에는 매우 유명한 프랜차이즈 이자카야가 있습니다. 바로 '요로노타키(養老乃瀧)'라는 술집인데, 고쓰에 갈 때마다 지난 하루를 돌아보자는 핑계로 마쓰시마 씨와 술 한잔을 나눕니다. 우선 생맥주 큰 잔을 각자 두 잔씩 시키는데 SDGs 차원이라고 보시면 됩니다. 가게 스태프의 작업 공정을 늘리지 않는다는 점에서 말이죠. 미리 두 잔을 시켜두면 작업 시간이 줄어들 테니까요. 그러고는 안주 주문을 위해 메뉴가 붙어 있는 벽 쪽으로 시선을 돌려 봅니다. 프랜차이즈 느낌을 주는 고정된 메뉴 속에서 '오늘의 회' 또는 '오늘의 튀김' 같은 메뉴가 눈에 띕니다. 스태프에게 "오늘의 회는 뭐죠?"라고 물으며 주문하면 "쥐노래미와 다금바리일걸요?" 하면서 내주는데, 그것은 가게 주인이 자신의 배로 동해까지 나가 직접 잡은 물고기입니다. 저는 이것을 '흔들림'이라고 부릅니다.

보통 프랜차이즈라고 하면 어느 가게나 똑같은 메뉴가 나올 거라 생각하기 쉽지만, 프랜차이즈의 농도가 짙은 지역에서 옅은 지역으로 갈수록, 다시 말해 도시에서 지역으로 갈수록 '흔들림'의 강도가 높아집니다. 이런 '흔들림'은 예상치 못한 형태로 눈앞에 나타납니다. 예컨대 메뉴로 내는 다금바리 튀김은 비싼 음식이지만, 이 지역 '요로노타키'에서는 평범한 가격으로 나오는 식인 것이지요.

사람들이 로컬에 끌리는 이유는 여러 가지가 있겠지만, 바로 이러한 '흔들림'이 큰 매력으로 작용하지 않을까 생각합니다. 로컬에서는 무언가의 '흔들림'을 자주 감지할 수 있는데, 알고 보면 그것이 지역에서는 매우 중요한 요소일 경우가 많습니다. 야마노테선[74]이 일 분도 늦지 않도록 뭐든지 정시에 맞춰 정확하게 이루는 걸 당연히 여기는 사람들이 지역에서 '흔들림'을 한번 경험하면 매료되고 말지요. '1/f 진동'이라는 말을 들어보셨는지요. 사람이 편안함을 느끼는 음역대의 흔들림을 의미하는데, 저에게는 기분 좋은 충격으로 다가옵니다. 그런 '흔들림'이 젊은이들에게도 로컬의 재미로 발견되면서 지역에 매력을 느끼는 중요한 요소가 되고 있다고 생각합니다.

고쓰역 앞 '요로노타키', 꼭 한번 가보시기 바랍니다. BTS처럼 엄청 멋진 K-POP 스타 분위기의 대학생들도 즐겨 찾는 곳입니다. 사실 '요로노타키'는 쇼와[75] 시절을 풍미한 쇼와의 아이콘 같은 프랜차이즈입니다. 어느 매장이나 모든 메뉴가 똑같은 보통의 프랜차이즈와 달리 지역별로 변화구를 던지는 시스템으로

---

74) 山手線. 도쿄 도심부를 순환하는 JR동일본 전철 라인.

75) 昭和. 일본의 연호 중 하나로 1926년 12월 25일부터 1989년 1월 7일까지의 기간.

유명한 곳입니다. 그런데 '요로노타키'의 그런 역사와 특징을 전혀 모른 채 즐기는 젊은이들의 모습을 보니 왠지 재밌기도 하고 통쾌하기도 했습니다.

참고로 고기를 낚으면 사진만 찍고 강에 풀어줍니다. 어느 강에서 잡았는지는 말하지 않습니다. 하지만 마쓰시마 씨를 비롯해 낚시터에 만난 사람이나 어업협동조합 관계자분들은 제가 SNS에 사진을 올릴 때 강 이름도 공개해달라고 부탁하기도 합니다. 그렇게 하면 더 많은 도시의 낚시인이 찾아줄지도 모르기 때문입니다.

뒤집어 말하면, 그만큼 지역에 사람이 찾아오지 않는다는 말이겠지요. 물고기 보존을 택하느냐 인구 감소에 대응하느냐, 매우 어려운 문제라 저도 고민하고 있습니다. 물고기를 생각하면 알리지 않는 게 좋겠지요. 그래서 "주고쿠 산지에 사는 물고기입니다."라든가 "이와미 지방으로 낚시하러 갑니다." 정도로 알리고 있습니다. "이곳은 무슨 무슨 강입니다."라고 정확히 쓰면 많은 사람이 몰려 모조리 잡아가 버릴 테니까요.

주고쿠 산지의 산간 지역 깊은 곳에서는 사람을 만날 일이 거의 없고, 차도 좀처럼 마주치지 않습니다. 아름다운 집들이 보이긴 하나 사람의 모습은 찾아볼 수 없지요. 수도권 주변의 산간 지역이라면 아직 사람이 다니는 모습을 볼 수 있겠지만, 제가 가는 낚시터 주변에서는 그 정도까지 사람을 만날 일이 없습니다.

전국에 걸쳐 지역의 인구가 감소하고 있다는 걸 몸으로 느끼고 있습니다. 물고기를 지키느냐, 인구 감소를 해소하느냐. 사실 둘은 서로 다른 차원의 문제라 아무래도 물고기보다 사람이 줄어드는 문제를 간과하기가 어렵겠지요.

앞서 언급했듯이 저에게는 물고기도 지키고 싶고, 지역도 활기를 되찾으면 좋겠다는 딜레마가 있습니다. 지역에서는 "우리 계곡으로 낚시하러 오세요."라고 말하고 싶겠지만, 낚시꾼 중에는 불도저 수준의 저인망으로 남획을 즐기는 사람도 여전히 많습니다. 정확한 장소를 알게 되는 순간 계곡의 물고기는 사라지고 말 겁니다. 지금 우리는 물고기가 줄어들지 않도록 하는 일과 지역 인구가 줄어들지 않도록 하는 일 사이 어딘가에 와있는 건지도 모르겠습니다.

빛바래지 않는 카리스마, 오카무라 야스유키

저는 '재생 유기농 면'으로 만든 티셔츠를 즐겨 입는 편입니다. 셔츠도 플라스틱을 재활용한 폴리에스터 소재로 된 제품을 선택합니다. 청바지도 유기농이고 속옷도 재생 유기농 제품이지요. 신발도 리크래프트 제품이니까 꽤나 '리제너러티브 패션'으로 치장한 셈인데 언뜻 봤을 때 별로 눈에 띄지 않는 느낌이라

오히려 더 좋습니다.

예전의 친환경 또는 유기농 제품은 한눈에도 티가 나는 디자인이나 색감을 가진 옷밖에 없었습니다. 그렇다 보니 그런 옷을 입고 다니면 사람들이 '아, 그런 쪽 사람이구나' 하고 바로 알아보는 경향이 있어 그게 좀 아쉬웠거든요. (웃음) 지금은 겉보기에 평범한 아저씨 차림이지만, 전부 '리제너러티브 오가닉' 제품을 입고 있습니다. 그런 의미로 볼 때, 좋은 시대라고 생각합니다. 한때 '놈코어'[76]라는 스타일이 유행했는데, '놈코어'가 이제는 '리제너러티브' 장르까지 파급된 게 아닐까 하는 생각이 들 정도입니다.

하지만, 아무리 그렇다 하더라도 사람들 앞에서 이야기하거나 중요한 회의가 있으면 제대로 다림질한 하얀색 셔츠에 재킷을 걸치고, 머리도 삼 대 칠 가르마로 정리하고 갑니다. 그러다 보면 당연한 일이지만, 세탁을 끝내고 다림질을 기다리는 셔츠들이 방에 쌓이게 되지요. 그 셔츠를 모아 일요일 오전이 되면 "좋았어! 오늘은 다림질이다!"라는 각오로 10장 정도를 목표로 다림질하기 시작합니다.

다림질할 때는 음악을 틀어놓습니다. 평소에는 '아마존 뮤직'으로 영국이나 미국 음악을 듣곤 했는데 어느 날 우연히 오카

---

76) Normcore. 티셔츠, 운동화, 청바지 등 평범함을 추구하는 패션 트렌드.

무라 야스유키(岡村靖幸)의 곡을 틀게 됐습니다. 그때는 앞서 언급한 'ALL SOPHIANS' FESTIVAL 2024' 집행위원장을 맡던 시기였고, 오카무라가 음악계에 짠하고 등장했던 80년대 무렵은 제가 대학을 다니던 시절이었습니다. 지금은 사이토 가즈요시(斉藤和義)와 함께 '오카무라 가즈요시'라는 유닛을 결성해 「상어와 인어」 같은 정말 좋은 노래를 부르고 있습니다. 당시 기분에 젖게 만드는 오카무라의 곡을 열심히 듣다 보니 머릿속에서 오카무라의 목소리가 떠나질 않습니다.

오카무라 이야기가 나온 김에 부연하자면, 오카무라는 오자키 유타카(尾崎豊)와 깃카와 고지(吉川晃司) 이렇게 셋이서 엄청 친했던 인물입니다. 셋 다 동갑인 데다 고등학교를 중퇴하고 바로 스타가 된 배경도 비슷했지요. 오카무라는 고베에서 태어나 니가타 고등학교를 중퇴하고 음악의 길로 들어섰습니다. 세 사람 모두 키가 컸는데 오카무라의 노래 중에 "키가 179"라는 가사가 들어 있기도 했습니다. 당시에는 오카무라를 보고 프린스 같은 사람이라고 생각했습니다. 마이클 잭슨이 아닌 프린스라고 말이지요.

두 사람은 종종 비교의 대상이 되기도 했습니다. 어느 쪽이 좋은지 묻고는 했는데, 예를 들어 '롤링 스톤스냐, 비틀즈냐' 같은 비교겠지요. 저는 군마에서 상경해 고등학생 티를 막 벗은 정도의 수준이어서 고교 시절 느꼈던 대로 여전히 깃카와 고지가 멋지다고 생각하거나 아니면 오자키처럼 살고 싶었던 것 같습니다. 그러니까 이 셋 중에서 오카무라는 마니아적 기질이 있는 프린스 같은 사람으로 느껴졌던 겁니다.

오카무라, 깃카와, 오자키 이들 세 사람이 정말 친하게 지낸 사실은 영상으로도 남아 있어 확인할 수 있습니다. 세 사람이 일을 마친 후 니시아자부(西麻布)에서 만나 가위바위보해서 깃카와가 이기면 실컷 마시고, 오카무라가 이기면 실컷 춤추고, 오자키가 이기면 여자들이 있는 곳으로 가기로 했다고 합니다. 하지만 셋 다 술을 좋아한 건지 아니면 함께 이야기하는 걸 좋아했는지 모르겠지만, 종국에는 실컷 마시다 끝나버리고 마는 재밌는 일화도 있습니다. 또 유튜브에서는 1987년 히로시마 라이브 무대에서 오카무라와 오자키 둘이 즐겁게 껴안으며 노래하는 희귀 영상을 볼 수 있습니다. 오자키가 얼마나 오카무라를 좋아했는지 잘 보여주고 있지요. 아, 이건 놓치지 말고 꼭 보시길.

깃카와를 말하자면, 핑크 슈트 차림으로 백플립을 하는 등 무대 매너가 엄청나게 화려하고 멋졌습니다. "이토록 멋진 사람이 있다니!" 하면서 눈을 떼지 못했던 기억이 납니다. 대학에 들어갔던 당시에는 노래방이라는 시설은 없었고, 대신 신주쿠에 가면 쇼펍 같은 곳이 있었습니다. 손님들이 연필로 신청곡 제목을 써서 내면 잠시 후 순서에 맞춰 신청곡이 나오는데 그때 신청한 사람이 무대에 올라 노래하는 방식이었습니다. 그런 곳을 일

년에 몇 번씩은 갔던 것 같습니다. 물론 저야 당연히 깃카와의 「You Gotta Chance」나 「모니카」를 부르곤 했지요.

오자키는 십대 시절 열병에 걸린 듯 '이렇게 사는 사람도 있구나' 하면서 빠져들어 「졸업」이나 「17세의 지도」를 들었는데, 고등학교 2학년 여름이었나, 오자키가 마에바시에서 라이브 공연을 한다길래 냉큼 표를 사서 보러 가기도 했습니다. 검은색 탱크톱에 여름용 재킷을 걸치고 갔었는데, 사람으로 꽉 찬 마에바시 민문화회관 중간쯤 좌석에서는 무대가 너무 멀리 보였습니다. 그런데 공연 시작이 늦어지면서 오자키가 좀처럼 등장하지 않자 점점 장내가 술렁거리기 시작했습니다. 그때 세 줄 정도 앞에 있던, 저하고 동갑이거나 조금 위로 보이는 한 남자가 갑자기 일어서더니 "오자키, 빨리 노래해줘!!"라고 울먹이며 소리쳤습니다. 그 정도로 오자키가 젊은이의 감정을 흔들었던 시대였습니다.

오카무라의 음악에는 열렬히 빠져들었던 적이 없어 오카무라 팬들에게는 죄송하지만, 당시 오카무라의 포지션은 정말 좋았다고 생각합니다. 무슨 말인가 하면, 예컨대 80년대 오카무라의 뮤직비디오를 보면 지금의 K-POP 아티스트 같은 패션을 하고 있어 전혀 빛바랜 느낌을 주지 않습니다. 음악이나 홍보 영상 모두 본인이 프로듀서로서 직접 만들었으니 그런 결과물이 나올 수 있었겠지요. 물론 오마주한 미국이나 영국 음악은 있었다고 보지만 자신만의 방식으로 승화하는 능력과 센스를 가지고 있었기 때문에 깃카와나 오자키 하고는 또 다른 차원에서 '자신다움'을 우리에게 보여주었다고 생각합니다.

그런 오카무라의 모습을 보니 바로 30년 전의 「Dog Days」 같은 곡들이 떠올랐습니다. 당시 제가 좋아했던 PSY·S(사이즈)라는 전자 음악 유닛이 있었는데, 마쓰우라 마사야(松浦雅也)와 오사카 니시나리구 출신 보컬리스트 CHAKA가 함께 했었습니다. 마쓰우라는 훗날 게임 「파라파 더 래퍼」의 음악을 만들기도 했는데, 사카모토 류이치(坂本龍一) 선생처럼 '페어라이트'라는 신시사이저를 사용했었지요. 여하튼 오카무라의 「Dog Days」 뮤직비디오를 보면 CHAKA가 추임새로 "차 없는 남자에게는 흥미 없어"라고 노래하는데, 그 장면에서 시대를 느낄 수 있습니다. 참고로 뮤직비디오의 로케이션으로 사용된 곳이 바로 「슬램덩크」나 영화 「바닷마을 다이어리」의 배경인 가마쿠라(鎌倉)입니다.

요즘의 홍보 영상하고도 전혀 다르지 않은 느낌이라 '이렇게 빛바래지 않은 사람도 있구나' 하고 다시금 생각했습니다. 어디에도 속하지 않았기에 가능했던 결과인지 아니면 의식적으로 프로듀싱한 결과인지 모르겠지만, 확실히 달랐던 사람인 건 분명합니다. 왜 그런 사람 있지 않습니까? 아티스트 중에서도 '무슨 무슨 계열'로 분류할 수 없는, 언제까지나 퇴색하지 않는 존재 말입니다.

제 안에서 한 바퀴, 두 바퀴 돌아 30년이 지났어도 기적적으로 변함없이 자기다움을 유지하는 아티스트는 오카무라 말고는 없는 것 같습니다. 그런 오카무라 같은 스탠스를 어떻게 하면 만들 수 있을까요? 어쩌면 이것이 「소토코토」를 유지해 나가는 데도 중요한 질문이 아닐까 싶습니다. '지속가능성'이란 아마 인간의 존재감과 관계가 깊을지도 모르겠습니다.

사람은 여러 곳에서 다양한 사람들에게 노출되면서 만들어집니다. 일본에서는 "저 사람 시대는 이제 끝났지."라며 페이드아웃 당하듯이 얄팍한 형태로 소비되는 바람에 지금까지는 그 사람에게 미안한 사회관 속에서 일이 돌아가는 경우가 많았습니다. 그런데 지금은 좋아하는 건 좋다고 말할 수 있으며 원한다면 30~40년간 계속해 나갈 수도 있지요. 그런 점에서 모두가 '오카무라화'하는 것이 좋지 않을까 싶습니다. 무언가가 유행을 하든, 세계를 휩쓸든, 사회와 너무 가깝지도 멀지도 않은 포지션에서 자신이 좋아하는 일을 계속할 수 있다면 더할 나위가 없겠지요.

그러니까 제가 하고 싶었던 말은 셔츠를 다리는 동안 오카무라의 노래를 들었더니 이 사람은 어째서 이처럼 빛바래지 않았을까, 「소토코토」도 오카무라 같은 미디어가 됐으면 좋겠다는 생각을 했다는 이야기입니다. 그런 의미에서는 미우라 준이나 이토 세이코[77], 또는 잇세 오가타[78]가 그런 포지션일지도 모르겠

<hr />

77) いとうせいこう. 일본의 탤런트이자 작가
78) イッセー尾形. 일본의 탤런트, 배우

네요. 저희 세대에게는 동경의 대상이자 멋진 영웅이었는데 미디어로서도 그런 포지션에 서고 싶다고 생각합니다.

후쿠시마 미래창조 아카데미의 리제너레이션

현재 저는 '후쿠시마 미래창조 아카데미'라는 관계인구 강좌의 메인 강사를 맡고 있습니다. 후쿠시마현 하마도리 지방의 시정촌 12곳과 관계 맺기를 도모하는 프로그램입니다. 참고로 여기 12곳 시정촌을 아울러 소마(相馬)시와 후타바(双葉)의 앞글자를 따 '소소 지역'이라고 부릅니다. 다무라시를 비롯해 미나미소마(南相馬)시 가와마타마치(川俣町) 히로노마치(広野町) 나라하마치(楢葉町) 도미오카마치(富岡町) 가와우치무라(川内村) 오쿠마마치(大熊町) 후타바마치(双葉町) 나미에마치(浪江町) 가쓰라오무라(葛尾村) 이타테무라(飯舘村) 등이 여기에 속합니다. 올해로 3년째인데 십대를 포함해 많은 이삼십대 청년이 수강하고 있어 '리제너러티브' 측면에서 볼 때도 좋은 커뮤니티가 이루어지고 있다고 생각합니다.

관계인구는 관광 이상, 이주 미만의 '제3의 인구'를 일컫는 용어로 자리 잡고 있습니다. 하지만 지역의 인구 감소 현상이 뚜렷해지는 상황에서 더욱 중요한 건 지역에 살지는 않지만, 지역의 미래나 지역 산업 부흥에 뛰어들고자 하는 사람을 찾아내고 또 관계인구를 널리 알리는 일입니다.

지난 2024년 4월 24일, 마스다 히로야[79] 씨는 '인구전략회의'에서 '소멸 가능 도시'를 발표했습니다. 2050년까지 일본의 744개 지자체가 사라질 가능성이 있다는 분석 결과인데, 이는 전체 지자체의 40퍼센트가 넘는 수치입니다. 이전에도 소멸 가능성 관련한 논의가 있었지만, 이번에 다시 불안감이 높아지면서 무언가 대책 마련에 힘을 쏟아야 한다는 움직임을 뚜렷하게 느낄 수 있었습니다. 이주·정주 정책과 다른 접근 방식으로 관계인구가 새삼 주목받은 것이지요. 이처럼 관계인구에서 희망을 찾으려는 시도가 많아지고 있습니다.

그런 가운데 후쿠시마 소소 지역의 귀환 곤란 구역이 단계적으로 해제되고 있습니다. 예를 들어 미나미소마시나 오쿠마마치, 도미오카마치와 후타바마치의 양상이 눈에 띕니다. 렌터카로 6번 국도를 달려 보니 복구의 시차가 확연히 다르다는 사실을 알 수 있습니다.

'후쿠시마 미래창조 아카데미'에서는 수강생들이 '도쿄 소

<hr />

79) 增田寬也. 2014년, '일본창성회의'에서 인구 감소에 따라 2040년이면 일본 지자체의 절반이 사라진다는 이른바 「마스다 보고서」를 낸 바 있다. 도시 살생부라는 비판도 있었지만, 인구 감소 및 지역 소멸 문제에 큰 경종을 울렸다.

소화 계획'이라는 프로젝트를 만들어 몰크[80]를 즐기거나 소소 지역의 특산물을 도쿄로 가져와 가게나 마르셰를 여는 식의 활동을 이어가고 있습니다. 시마네현에서 했던 '시마코토 아카데미' 초기와 비슷한 느낌을 받았습니다. '시마코토 아카데미'도 시마네로 이주하지 않더라도 시마네와 관계를 맺고 싶은 사람들이 기수별로 활동을 벌였으니까요. 처음에는 '함께 무언가 하고 싶다'라는 마음으로 가볍게 시작했지만 12기, 13기까지로 이어지면서 졸업생 400명 이상이 참여하는 두터우면서도 폭넓은 커뮤니티가 됐습니다. 그런 커뮤니티를 기반으로 U턴 또는 I턴[81]을 실행하는 사람도 나타났을 뿐 아니라 시마네를 응원하는 프로젝트를 시작하거나 창업 또는 소셜 비즈니스를 전개하는 사람도 나타나고 있습니다. '후쿠시마 미래창조 아카데미'도 그런 흐름이 될 거라 기대하며 행복한 마음으로 지켜보고 있습니다.

한편, 지난주 도미오카마치에서는 '후쿠시마 미래창조 아카데미'를 주최하는 '소소기구(후쿠시마 소소부흥 추진기구)'가 마련한 '제2회 관계인구 서밋' 행사 자리가 있었습니다. 작년에 이어두 번째 개최인데 이번에도 제가 기조 강연을 맡았습니다. 작년에는 '관계인구의 가능성'이라는 주제로 이야기했는데, 이번에

---

80) Mölkky. 핀란드에서 시작한 나무 막대 투척 게임.
81) 도시에 살다 연고가 없는 타지역으로 이주하는 걸 일컫는 말. 참고로 J턴은 도시에서 고향 인근 지역으로의 이주를 말한다.

는 '관계인구와 리제너러티브' 관련한 내용으로 발표했습니다. '리제너러티브'가 도대체 무엇인지 알아보는 것을 시작으로 발표를 했습니다만, 그 후 토론까지 이어져 각자가 생각하는 '리제너러티브'에 대한 의견을 들을 수 있었습니다. 예를 들어 재해 이전의 상황으로 돌아가고 싶은 강한 마음이 있는 한편, 그때로 돌아가는 건 '리제너러티브'가 아닐 수도 있다는 의견도 있었습니다. 저마다 어떤 미래를 생각하는지 엿볼 수 있는 대목이었습니다.

'리제너러티브'는 앞서 이야기했듯이 '재생'이라고 단정하긴 어렵습니다. 지나온 시간 속에서 어디부터 어디까지를 재생할지는 각각의 커뮤니티나 개인의 관계를 고려해 결정해야겠지요. 한 가지 확실한 건 시간을 되감아 과거로 돌아간다고 해서 좋은 '재생'은 아니라는 사실입니다. 다시 말해, 미래에 무엇을 가져가고 무엇을 남겨놓는 게 좋을지는 마을 재생이나 커뮤니티 재생 차원에서 생각해 봐야 하지 않을까 싶습니다. 일본의 인구가 줄어든다고 해서 시간을 되돌려 어떻게 할 수 있는 문제가 아닙니다. 설사 시간을 되돌린다 쳐도 언제를 기준으로 삼아야 할지도 알 수 없습니다. 더구나 모두가 "그때가 좋았지."라고 회상하는 '그때'가 1분, 1초의 오차도 없는 똑같은 시간일 리도 만무하고 말이죠. 물론 행복했던 지난 시절을 재생하면 좋겠지만, 세대에 따라 추억이 다를 테니 "1988년으로 돌아가는 건 어때?"

라는 식에는 합의를 이루기 어렵겠다고 느꼈습니다. 하지만 비록 짧은 시간이었어도 '리제너러티브' 관련해 후쿠시마 소소 지역의 많은 사람과 이야기 나눴던 경험은 매우 의미 있는 일이었다고 생각합니다. 새삼 느꼈지만 역시 관계인구와 '리제너러티브'는 궁합이 잘 맞는 감각인 듯합니다.

생각해보면, 지금은 "지역에 도움이 되고 싶다."든지 아니면 "어려움에 놓인 사람을 돕고 싶다." 같은 감각으로 관계인구가 되는 단계는 지났다고 생각합니다. 사명감보다는 '재미'가 더 중요해진 듯합니다. 다시 말해 그 장소에 매료됐기 때문에 선택하는 것이지요. 마치 어떤 종류의 '페로몬'에 이끌린 것처럼 자신과 딱 맞는 연애 상대를 찾았다는 느낌에 가까울 겁니다. 사실, 누구나 '완벽'을 원할 것 같지만 의외로 그렇지 않습니다. 사람의 호감이란 "어! 저와 취미가 같군요."보다 "오! 저와 취미가 다르군요."에서 드러날 때가 많습니다. 마찬가지로 마을과 자신의 관계성도 '다르다'라는 감각에서 생겨나는 쪽이 좋지 않을까 생각합니다.

저는 소소 지역을 정말 좋아하는데 이번에 함께 일할 기회도 생긴 데다 아부쿠마(阿武隈) 고원도 갈 수 있게 됐으니 얼마나 좋은지 모르겠습니다. 하지만 사람에 따라 누구는 요즘 크래프트 사케로 인기를 얻고 있는 'haccoba' 때문에 가고 싶어 하는 사람도 있을 테고, 아니면 소마의 문화에 빠진 사람도 있겠지요. 모든 게 '페로몬' 때문이라고 한마디로 표현할 수는 없겠지만, 끌림을 느낄 수 있느냐 아니냐 여부로 지역을 선택하는 관점을 중요하게 여기고 있습니다. 마을에 페로몬이 있는지 없는지는 중요합니다. 소소 지역도 틀림없이 그런 무언가를 풍기는 장소로 바뀌어 간다는 느낌을 받습니다. 특히 '후쿠시마 미래창조 아카데미'의 수강생 여러분이 즐거워하는 얼굴을 보면 알 수 있는데, 이곳에 "좋아하는 게 있으니까."라든가 "좋아하는 사람이 있으니까." 같은 마음을 바로 느낄 수 있지요. 이를 바꿔 말하면 '미래감'이라고 할 수 있습니다.

'미래'는 아무것도 정해진 게 없어 좋은 것 같습니다. "5년 후에는 이렇게 될 거야."라는 식의 완성된 설계도가 아닌, 어디로 가게 될지 모르는 롤러코스터 같은 느낌 말입니다. 앞서 말한 '흔들림' 하고도 통한다고 생각하는데, 두근거리고 설레게 만드는 장소일수록 '리제너러티브'라는 말도 잘 들어맞지 않을까 싶습니다. 덧붙이자면, 160층에 이르는 초고층 빌딩을 세우듯이 모든 것을 계획대로 진행하는 건 '리제너레이션'이 아닙니다. 흙을 재생한다고 했을 때 토양 속 미생물에게 이야기를 듣지 않는 한 답을 정할 수 없듯이 '리제너러티브'라는 말은 재생 과정에서 마주치는 그런 불가해성과 부정합성을 잘 표현하고 있습니다.

관계인구 서밋 오픈을 하루 앞두고 현지에 미리 가 있었는데, 지역 분들이 가다랑어를 많이 드시더군요. 저도 가다랑어 회는 참지 못할 정도로 좋아해 도미오카마치와 후타바마치 주민들이 즐겨 찾는 슈퍼에 어떤 생선이 있는지 둘러보러 갔습니다. 그런데 아이스바가 들어 있을 법한 대형 냉장고 하나 가득 가다랑어회가 빽빽하게 차 있어 깜짝 놀랐습니다. 정말이지 꿈만 같았습니다. 고치현의 가다랑어도 좋아하지만, 소소 지역에서도 이런 가다랑어 문화를 접할 수 있다니요. 바로 사다가 호텔 방에서 감동하며 먹었습니다. 최고였지요.

서밋 행사 다음 날이 마침 휴일인 토요일이라 제가 좋아하는 이나와시로 지역으로 발걸음을 옮겼습니다. 가고 싶었던 곳은 고리야마시 고난마치(湖南町)로 그곳에서 5년 정도 '고리야마 동네 학교' 교장을 맡은 적이 있었습니다. 작년에 일단락지었지만 여전히 고리야마에 애착이 있습니다. 사토 데쓰야(佐藤哲也) 씨가 대표로 있는 크리에이티브 그룹 '헬베티카 디자인'이 학교 사무국의 디자인을 맡아 멋진 로컬 디자인을 선보인 바 있지요.

고리야마는 도호쿠 지방에서 센다이에 이은 대도시로 문화 도시로 알려진 곳이지만, 중산간 지역의 면모도 갖추고 있습니다. 이나와시로 호수에 면한 고난마치도 그중 한 곳이지요. 멋진 와이너리가 있는 오세마치(逢瀬町)에서 터널을 지나 고난마치에 들어서면 커다란 밤나무가 반겨주는 목가적 풍경을 마주하게 됩니다. 사실 「아웃도어」 잡지 시절부터 고난마치와 인연이 있었습니다. 당시 일곱 명이나 되는 스태프가 호텔에서 묵기에는 예산이 모자라 인근의 반다이(磐梯) 지역 작은 방갈로 한 동을 빌렸던 적이 있었어요. 그때 우리를 맞아준 지역 주민의 따뜻한 환대를 잊을 수 없습니다. 정말이지 "이렇게나 다정한 지역이 있다니!"라는 말이 절로 나왔습니다. 그때 주민들과 교류하며 받았던 은혜를 잊지 못해 30년이 지난 지금까지 계속 찾아가고 있습니다. 지금은 다른 일을 하는 주민도 있지만, 여전히 캠핑장을 운영하는 사람도 있습니다.

그런 편집부 시절의 경험도 있고 해서 반다이 지역은 제 마음 한편에 자리한 하나의 기점(起点)처럼 작용하고 있습니다. 그곳이 요즘 유행이라거나 활기차서가 아니라 무작정 가고 싶어집니다. 그렇다고 만나고 싶은 사람이 있는 건 아니고 그저 풍경이 좋아서 갑니다. 특히 '오니누마(鬼沼)'를 좋아하는데, 이름이 멋지지 않습니까. '귀신 연못'이라니 왠지 민담이 전해 내려오는 곳이 아닐까 싶어요. 구글 지도에서 '이나와시로 오니누마'로 검색하면 이나와시로 호수 경계에 톡 하고 튀어나와 있는 모습을 볼 수 있습니다. 큰 비눗방울에 작은 비눗방울이 붙어 있는 형태로 자리하고 있는데, 아름다운 꽃을 피우는 수생 식물이 자생하고 있습니다. 정말 멋진 장관이 펼쳐집니다. 제가 오니누마를 찾은 이유가 여기에 있습니다. 코로나19도 있고 해서 최근에는 찾질 못하다가 이번에 거의 4년 만에 가볼 수 있었습니다. 잔뜩 흐렸던 날씨가 마침 맑게 개어 운도 좋았지요.

6월의 상쾌한 오니누마 풍경을 보면서 문득 떠오른 게 있습니다. 제가 그동안 마을 만들기를 비롯해 다양한 사람과 접점을 맺는 일을 해왔는데, 이것이 바로 '원점'이 아닐까 하는 생각이었습니다. 사실 제가 그곳에 있었다는 사실을 자랑한 적은 없습니다. 다시 말해 30년 동안 같은 장소를 찾아왔다는 사실은 전혀 중요하지 않습니다. 그곳으로 발걸음을 향하는 행위만으로도 제 마음속의 시간 축이 흔들리지 않도록 유지할 수 있었으니까요. 그것이 제게는 매우 중요한 일입니다. 가령 「소토코토」에 활용하고 싶은 마음이었다면, 오니누마 주변 분들에게 명함을 돌리며 손쉽게 관계를 맺을 수도 있었겠지요. 하지만 그런 일은 절대 하지 않았습니다. "당신 누구요?" 소리를 듣듯이 30년간 오니누마를 조용히 찾았습니다. 그렇다고 대어를 낚기 위해서도 아니고, 그저 오니누마의 차분한 분위기와 제 맘에 드는 풍경이 있으니까 갔던 겁니다. 그러고 보니 '고리야마 동네 학교' 교장을 맡았을 때 오니누마는 마을 사람과 접점을 마련해준 비장의 무기가 되기도 했었네요.

오니누마 풍경은 익히 알고 있지만, 더 많은 사람과 관계를 맺으면서 오니누마가 입체적으로 변해가는 과정을 한달음에 경험하고 싶지는 않습니다. 제가 일하는 방식의 핵심이기도 하지요. 30년이 지나서야 오니누마가 접점을 만들어 줬지만, 그 세월만큼이나 행복한 느낌을 받을 수 있었습니다. 언젠가 지역을 찾

왔다가 우연히 아름다운 풍경을 보게 돼 SNS에 올렸는데, 누군 가가 "사시데 씨는 지역 활성화에 푹 빠져 있으시군요."라는 댓글을 단 적이 있었습니다. 제가 정말 푹 빠진 게 맞는지는 모르겠지만, 제가 지역을 대하는 '속도'가 어떤 건지 새삼 돌아볼 수 있었습니다.

제 신조는 "포기하지 않는다."입니다. 포기하지 않으면 언젠가 무언가가 일어나지요. 꿈에 그리던 물고기를 낚는 최고의 비법이 '잡힐 때까지 계속 시도하기'인 것처럼 지역 활동도 마찬가지입니다. 무언가 변화를 만들거나 영향을 주려면 관계 맺기를 포기하지 않는 게 중요합니다. '후쿠시마 미래창조 아카데미'를 위해 소소 지역을 찾은 기간은 오니누마에 비해 훨씬 짧지만, 소소 지역 또한 저에게는 오니누마 같은 풍경으로 남으면 좋겠습니다.

참, 오니누마에 가는 다른 목적도 있습니다. 바로 이나와시로에 있는 '마루이치 식당'과 고난마치 '오사카야'의 라멘을 먹기 위해서입니다. (웃음) 두 곳 모두 차슈멘이 일품입니다. 후쿠시마뿐 아니라 기타카다(喜多方) 그리고 미야기나 야마가타도 그럴 것 같은데 손으로 뽑은 면에 진심을 담아 라멘을 만듭니다. 소바집에서 파는 라멘도 맛있지만, 이나와시로의 식당 라멘 한번 드셔보세요. 정말 장난 아닙니다. 별거 아닌 것 같지만, 사실 라멘 전문점뿐 아니라 돈가스 덮밥을 비롯해 맥주까지 마실 수 있는,

'마루이치 식당'(좌)와 '오사카야'(우)의 차슈멘.

누구에게나 열린 동네 식당에서 로컬의 잠재력을 느끼는 경우가 많습니다. '마루이치 식당'과 '오사카야'의 차슈멘을 각각 다른 날 찾아가 먹었는데, 오니누마 하고는 또 다른 행복감을 맛볼수 있었습니다. 이제는 그곳의 라멘을 먹는 일이 한 해 가장 중요한 목표라 해도 과언이 아닐 정도가 됐습니다.

변하지 않는 것들

국토교통성은 앞으로 이중거점 생활(두 지역 거주)자를 지원하는 법률[82]을 시행한다고 발표했습니다. 장기적으로는 이중거점생활자를 우대하는 제도도 마련할 가능성이 커 보입니다. 관계인구에도 관련이 있는 이중거점 생활 촉진법은 우선 각 부처에서 개별적으로 진행했던 두 지역 거주자 지원 제도 간의 연계나통합을 골자로 하고 있습니다.

일전에 어느 토크 세션에서 국토교통성 이중거점 생활 관련법제화 담당이었던 구라이시 세이지 씨와 이중거점 생활의 선두주자이자 사단법인 '공유경제협회' 대표인 이시야마 안주 씨

---

82) 두 지역 거주(二地域居住)의 촉진을 도모하는 '개정 광역적 지역 활성화를 위한 기반 정비에 관한 법률(広域的地域活性化のための基盤整備に関する法律の一部を改正する法律)'은 2024년 5월 2일 공포 후 11월 1일부터 시행됐다.

를 만나 이야기할 기회가 있었습니다. 사실 국가가 법률까지 마련한 건 대단한 사건이라고 생각합니다. 저도 지금 이중거점 생활을 하고 있지만, 인구 감소 지역을 지원하는 방안으로 도시 거주자의 이중거점 생활을 늘리겠다는 의도가 강하게 느껴지는 법안입니다.

이중거점 생활이라고 하면, 도시에 살면서 중산간 지역에 또 하나의 거점을 두고 일하면서 살아가는 라이프스타일을 떠올리기 쉽습니다. 하지만 그것은 두 번째 거점에 선입견을 지니고 상상한 조합이라고 생각합니다. 제 경우에는 아들의 교육 문제로 가족이 함께 선택한 '교육 이주'라 할 수 있는데, 현재 도쿄와 고베 두 곳을 거점 삼아 생활하고 있습니다. 일본에서 인구가 가장 많은 곳과 일곱 번째로 많은 곳이 거점이라 삶의 극단적 변화는 그다지 느낄 수 없는 이중거점 생활이라고 할 수 있습니다. 도시와 로컬을 오가는 이중거점 생활과 다른 형태이지만 어느새 3년째 접어들고 있습니다. 정말이지 이중거점 생활에 여러모로 만족하고 있습니다.

생활의 변화를 들자면, 도쿄와 신오사카역 또는 도쿄와 신코베역 왕복이 일상의 기본이 되면서 두 곳 간의 물리적 거리감이 사라진 점입니다. 편도 5시간, 왕복 10시간이 걸리는 당일치기 출장도 종종 있는 편이라 3시간 정도의 이동은 전혀 부담스럽지도 않을뿐더러 오히려 당연하듯이 자연스럽게 생활 속에 녹아

들게 된 것이죠. 도쿄는 물론이고 나고야, 오사카, 고베 모두 내 생활권 안에서 큰 원을 그리고 있는 것처럼 느껴집니다. 골든 위크[83]가 돌아오면 도카이도 신칸센은 야마노테선 수준의 배차 간격으로 운행합니다. 3분마다 '노조미'가 믿기지 않는 속도로 플랫폼에 들어오지요. 미뤄 생각해보면 제가 요즘 야마노테선 감각으로 신칸센을 타고 있는 것 같습니다.

만약 리니어 모터카[84]가 일상화한다면 우리의 생활권이나 문화권은 더욱 하나로 합쳐지지 않을까요. 도쿄에서 나고야까지 대략 30~40분이면 충분할 겁니다. 그렇다면 지금은 멀다고 생각하는 도쿄-고베 간 이동도 가깝다고 느낄 테지요. 도쿄와 고베, 혹은 오사카까지의 심리적 거리가 짧아져 더욱 가까운 관계가 될지도 모릅니다. 에도 시대에 미국에 간다는 건 믿을 수 없을 만큼 험난한 여정에 도전하는 일이었지만, 지금은 누구나 비행기를 타고 즐겁게 이동하고 있습니다. 이와 마찬가지로 도시들 사이의 관계는 점점 가까워지고 있습니다. 일단 이동에 드는 비용은 차치하고 생각할 때, 도쿄에서 고베나 오사카로의 이동은 도쿄 23구 안에서의 이동 감각까지는 아니더라도 매우 가깝게 느껴질 겁니다. 아마 지금의 간토 지방, 다카사키나 우쓰노미

---

83) 4월 말에서 5월 초에 이르는 연휴 기간을 말한다.
84) 차세대 신칸센으로 초전도 자기부상 열차를 말한다. 일반적으로 '리니어'라고 일컫는 경우가 많다.

야로 가는 정도의 거리감이 아닐까 싶습니다.

도쿄에서 가족과 함께 고베로 이주해서 좋았던 것 중 하나는 도쿠시마가 코앞이라는 점이었습니다. 도쿠시마는 저를 항상 설레게 만드는 곳인데 차로 아카시 해협 대교를 건너 아와지시마를 통과하면 1시간 30분 만에 나루토(鳴門)까지 갈 수 있습니다. 저는 옛 요시노가와와 요시노가와를 좋아하는데, 도쿠시마가 NPO의 선진지이기 때문입니다. 과거 시민 주도로 요시노가와 제10 가동보 설치 반대 운동이 거세게 일어나 설치 계획이 무산되면서 시민의 승리로 끝난 역사가 있습니다. 그런 연유로 지금도 시민 활동이 활발한 지역입니다.

저는 도쿠시마의 많은 사람과 인연이 깊어 도쿠시마대학이나 도쿠시마신문의 강연 요청을 받기도 하는데, 도쿄에 살면서 도쿠시마에 갈 때는 '오랜만에 도쿠시마에 갈 수 있겠구나' 하는 설렘이 있었습니다. 반면 요즘은 고베에서 당일치기로 갈 수 있는 곳이라 설렘이라기보다는 '정말이지 환상적이네' 같은 흥분에 가깝다고 할 수 있습니다. 이번 골든 위크 때 가족여행으로 어디가 좋을지 고민하다 너무 먼 곳은 부담스러워 1박 2일 일정으로 도쿠시마에 다녀오기도 했습니다. 도쿠시마에서 가가와(香川)를 거쳐 세토대교를 건너 오카야마(岡山)까지 갔다가 고베로 돌아오는 코스였습니다.

도쿠시마에 들렀을 때는 옛 요시노가와에서 민물낚시를 즐

겼습니다. 갈겨니를 잡았었죠. 요즘 교도통신에 '아빠와 아들의 낚시 이야기'라는 칼럼을 12회에 걸쳐 연재하다 보니 일본 각 지역 신문에도 한창 소개되는 모양입니다. 여하튼 그중 한 꼭지에 어느 여름날 도쿠시마의 옛 요시노가와 하류에서 가족 셋이 낚시를 하다가 황새를 만난 이야기를 담은 적이 있습니다. 그 황새는 원래 효고현 도요오카(豊岡)에 있던 개체로 이곳으로 날아와 아마 2대 내지는 3대째가 됐을 텐데, 도쿠시마 사람들이 황새를 무척 소중히 여겨 황새도 둥지를 틀고 대대로 뿌리내리고 있는 것 같았습니다. 당시 저는 가족과 함께 낯선 고베로 이주한 터라 불안한 마음을 달래며 기분 전환이라도 할 겸 도쿠시마로 낚시를 왔던 건데, 우연히 황새를 보고 동질감을 느끼며 용기를 얻을 수 있었습니다. 이러니 어찌 옛 요시노가와를 좋아하지 않을 수 있겠습니까.

사실 그 황새도 '리제너레이션'이라고 할 수 있습니다. 한때 사라졌지만, 도요오카시가 황새를 지켜야 한다는 의지를 갖고 움직인 겁니다. 다시 말해 황새는 논에서 큰 개구리나 붕어를 많이 잡아먹으니 그런 생물이 제대로 살아갈 수 있는 환경을 조성하는 방식으로 말이지요. 동물원처럼 울타리를 칠 수도 없으니 어디론가 날아가 버릴 수도 있다는 점을 각오하면서 도요오카시는 황새를 늘려갔습니다. 결과적으로 후쿠이에도 황새가 살게 됐고, 지금은 사가(佐賀)현 시로이시(白石)나 이바라키(茨城)현 가미스(神栖)까지 날아가 서식하고 있습니다. 그렇다고 도요오카시가 "그건 우리 황새거든!" 같은 식으로 이야기하지는 않습니다.

보통 '리제너레이션'을 재생으로 번역하고 있습니다만, 이렇듯 재생했다고 자랑하는 일은 '리제너러티브'가 아닌 것 같습니다. 전반적으로 "아! 뭔가 좋아지고 있구나!" 같은 식으로 공감할 수 있는 행위가 되길 바라고 있습니다. 그런 의미에서 황새도 '리제너러티브'의 상징이라고 볼 수 있겠지요. '리제너러티브'라는 말이 좋다고 느껴질 때, 하늘이 답을 주듯 제 일상 안에 황새가 나타나고 소소 지역 프로젝트가 동시에 생기고 있습니다. 마치 리제너러티브 감각이 '싱크로니시티' 하는 것처럼 말이죠. 아, 여기서 싱크로니시티는 '폴리스'가 부른 노래 제목은 아닙니다. (웃음) 여하튼 지금은 그런 감각을 느끼며 살고 있습니다.

고베에서 아카시 해협 대교를 건너 아와지시마를 지나 옛 요시노가와로 이어지는 여행에서 황새를 만나 더없이 행복했습니다. 묵었던 곳은 가가와현 시오노에(塩江) 온천 마을의 어느 가정집 같은 료칸이었습니다. 시오노에 온천 마을은 화려한 온천 거리는 아니지만, 옛 온천 마을의 분위기가 남아 있더군요. 그때 츄하이[85] 캔을 사려고 온천 거리를 걷는데 심상치 않은 기운을 풍기는 건물이 눈에 들어왔습니다. "무슨 건물이지?" 하며 가까

---

85) '소추(焼酎) 하이볼'이라는 뜻으로 하이볼처럼 소주와 탄산음료를 섞은 술.

이 가보니 '시오노에 슈퍼 바자르'라는 이름의 현지 슈퍼마켓이었습니다. 미치노에키 '시오노에'의 대각선 맞은편에 있었는데, 처음 봤을 때는 슈퍼마켓인지 잘 알 수 없었습니다. 건물 벽에 붙어 있는 간판에 글자가 몇 개 떨어져 있었기 때문인데 그래도 슈퍼마켓이라고 바로 알아볼 수는 있었습니다.

건물 내부는 복층이었는데 1층은 슈퍼, 작은 2층은 지역 어머니들을 상대로 하는 느낌의 양품점이 있었습니다. 제가 시즈오카현 '지역 가게' 디자인 선정 심사위원장을 9년째 맡고 있습니다만, 이 정도 공간 구성이면 선정해도 손색이 없을 만큼 훌륭한 가게라는 느낌을 받았습니다. 아이들부터 나이가 지긋한 어르신까지 4세대에 이를 정도의 사람들이 모여 왁자지껄한 분위기를 만들고 있었습니다. 츄하이와 그 지역 술을 사면서 또 하나의 행복한 공간이라고 느꼈습니다.

이처럼 개인이 운영하는 가게를 좋아하는 터라 매장 안을 둘러보니 품목 구성이 좋았고 제가 원하는 물건도 다 있었습니다. 청년들이 운영하는 편집숍 스타일은 아니지만, 우리 어머니들이 입을 만한, 그 세대 나름의 멋진 패션으로 구성한 옷을 팔고 있었습니다. 재밌는 건 옷과 함께 땅콩도 팔고 있더군요. 확실히 저보다 나이 많은 현지 주민이 애용하는 듯했습니다. 딱히 '마을 만들기'를 내걸고 있는 가게는 아니지만, 분위기도 좋고 현지 어르신 모두가 이곳에 모이는 느낌을 전해주는 멋진 곳이었습니다. 간

판 서체도 마음에 들었는데, 건물 분위기는 얼핏 안도 다다오(安藤忠雄) 선생의 현대 건축 같더군요. 이렇게 좋은 가게에서 물건을 살 수 있다는 사실에 감동하면서 미치노에키 앞을 흐르는 고토가와(香東川)를 바라보며 츄하이를 땄습니다. 이상 세토내해를 한 바퀴 돌아본 1박 2일의 여행을 두서없이 소개해봤습니다.

덧붙여 다카마쓰(高松)와 곤피라산(金比羅山) 부근은 19세가 됐던 대학 1학년 봄에 처음 가본 후 아웃도어 잡지 시절에는 꽤 자주 방문했던 곳입니다. 그런데 처음 갔을 때 낚시했던 비밀의 늪이 생각나 아들에게 "아빠가 열아홉 살 때 발견한 비밀의 늪이 있는데 고기가 엄청 많았거든. 한번 가볼래?" 하고 물었더니 가고 싶다고 말하더군요. 그래서 기쁜 마음으로 가봤더니 지금은 물이 빠져 웅덩이 수준밖에 안 됐습니다. 물론 물고기도 낚이질 않았습니다. 이제는 저와 키가 비슷해진 중학교 3학년생 아들과 이곳을 다시 찾게 될 줄은 몰랐지만, 이번에 다시 돌아보니 역시 지역은 변하기도 하지만, 변하지 않고 기다려주기도 한다는 걸 새삼 느낄 수 있었습니다. 짧은 여정이었지만, 기묘한 느낌에 마음이 흔들렸습니다. 아니, 어쩌면 풍경이 흔들렸을 수도.

사누키 우동, 매력을 발신하다

요즘 마을 만들기에 리제너레이션을 적용할 수 있을지, 또 어떤 식으로 '리제너러티브'를 끌어낼 수 있을지 고민하고 있습니다. 예컨대 "기타마에선(船)[86] 기항지였던 역사를 되살린 마을 만들기는 어떨까?" 하는 식으로 한 마을이 원래부터 갖고 있었던 지역 스토리를 재생하는 방법이 있습니다. 또는 기타마에에 문화를 현대에 걸맞게 업데이트할 수도 있습니다. 다만, 재생은 '다시 살아난다'는 의미인 만큼 다시 살리고 싶거나 아니면 다시 한번 드러내고 싶은 뭔가가 있어야 좋겠지요.

그렇다고 토양이나 바다 또는 초가지붕을 클론처럼 똑같이 되살리는 게 '리제너러티브'는 아닙니다. 현재의 감각이나 의지를 반영해 되살려야 합니다. 클론이라고 하니 문득 가즈오 이시구로[87]의 소설, 『나를 보내지 마』가 떠오릅니다만, 완전히 똑같은 복제본을 만든다 해도 마을이 풍요로워질 리는 없을 겁니다. 가령 모두 1970년대 피자를 먹고 싶어 할지 생각해 본다면 향수가 느껴져 먹고 싶어질지도 모르겠지만, 요즘의 피자는 모던한 스타일로 바뀌기도 해서 토핑 재료 정도에 '리제너러티브'를 적

---

86) 기타마에부네(北前船). 에도 시대부터 메이지 시대에 북쪽 지역과 혼슈를 오가며 상품을 판매하던 배를 일컫는다.

87) 영국계 일본인 소설가로 2017년 노벨문학상을 수상했다.

용할 수 있을 겁니다. 하지만 반죽 방식이나 더 나아가 애초부터 밀가루를 사용해 만든 피자 문화의 스토리까지도 재생이 필요할지 모르지요.

우동으로 다시 예를 들어볼까요. 우동 하면 가가와현의 사누키 우동이 가장 먼저 떠오르는데, 사실 도쿠시마에도 '나루추루 우동'이나 '다라이 우동' 같은 우동 맛집이 많습니다. 나루추루 우동은 부드러운 데다 나루토 미역을 넣기도 하지요. 다라이 우동은 원래 임업 종사자들이 현지 계곡에서 잡은 망둑어로 육수를 내고 커다란 대야에 면을 담아 호로록거리며 먹는 문화에서 왔습니다. 야마가타의 '힛파리 우동' 문화에서 유래했다고 하는데 정말 기가 막히게 맛있습니다. 도쿠시마 공항을 이용할 때면 항상 선물로 다라이 우동을 사갈 정도로 언제나 대호평 일색이었습니다. 사누키 우동도 맛있지만, 도쿠시마도 지리적으로 이어져 있으니 맛있을 수밖에 없습니다. 그런데 가가와에서 제가 가장 좋아하는 우동 가게는 만노에 있는 '야마우치 우동'입니다. 장작 가마의 고화력으로 면을 삶는데 가가와 우동 문화의 진수를 맛볼 수 있습니다.

가가와현은 일본 유수의 저수지가 많이 모여 있는 지역입니다. 맑은 날이 많아 강수량이 적고 또 강줄기가 짧아 유속이 빠릅니다. 그렇다 보니 벼농사를 지으려면 물을 저장해 놓을 필요가 있어 저수지를 무수히 만들었던 겁니다. 다만 비가 적어 생각

만큼 벼가 잘 자라지 않아 이모작 형태로 밀까지 재배했다고 합니다. 밀은 우동뿐만 아니라 간장의 원료로도 사용합니다. 연안에서는 소금도 생산했는데, 그것 역시 간장 담글 때 빼놓을 수 없는 원료 아니겠습니까. 멸치도 많이 잡혀 육수로 사용했고요.

이처럼 밀부터 간장, 멸치 등 우동 만들 때 필요한 재료를 손쉽게 구할 수 있었기 때문에 우동 문화가 생겨났고 그것이 사누키 우동으로 발전했다고 알려져 있습니다. 다만 최근에는 호주산 수입밀의 사용량이 증가해 다시 사누키 고유의 밀로 우동을 만들자는 움직임이 일어나고 있다고 합니다. 가가와현 농업시험장이 개발한 가가와현 토종 밀 '사누키의 꿈'이 바로 사누키 우동을 위한 품종이라 할 수 있는데, 이런 게 바로 '리제너러티브'가 아닐까 생각합니다.

1990년대 초반의 「아웃도어」 편집부 시절, 제게 사누키 우동이 얼마나 대단한 음식인지 가르쳐 준 사람이 있습니다. 가가와현 마루가메(丸亀) 출신의 여성 동료 편집자였는데, 항상 가가와 우동 칭찬이 끊이지 않았습니다. 또 멘쓰단[88]이 쓴 『무서운 사누키 우동』이라는 우동 안내서도 꼭 보라고 당부해 정말 그 책을 읽고 가보니 정말 대단했습니다. 『무서운 사누키 우동』은 유스

88) 麵通団. 게릴라 우동놀이 군단(ゲリラうどん通ごっこ軍団)의 약칭으로 사누키 우동 마니아 모임. 참고로 멤버 일부가 동명의 우동 가게를 운영하기도 한다.

케 산타마리아가 주연을 맡았던 영화 「UDON」의 모티브가 되기도 했었죠. 로컬 푸드나 로컬 미디어 측면에서 보더라도 그 시절 가가와현은 이미 특출난 형태로 독자적 메시지를 발신하고 있었던 겁니다. 정말이지 독보적 아닙니까.

진화하는 미사쿠보 자가타

앞서 언급했지만, 저는 시즈오카현 '지역 가게' 디자인 선정 심사위원장을 맡고 있습니다. 심사위원으로는 의상 디자이너 히비노 고즈에 씨와 NPO '크로스미디어 시마다'의 고다마 에미(兒玉絵美) 이사 그리고 공간디자이너 시게타 가즈미(繁田和美) 씨가 함께 하고 있습니다. 이렇게 세 분의 여성과 남성 한 명이 사이좋게 일하면서 여러 지역을 방문하는데, 그중에는 하마마쓰(浜松)시의 미사쿠보(水窪)라는 지역이 있습니다.

하마마쓰 하면 신칸센이 지나는 엔슈나다(遠州灘) 쪽을 떠올리기 쉽지만, 미사쿠보가 있는 곳은 나가노현에 인접한 하마마쓰 북부입니다. 아시는 분도 계실지 모르겠지만 이곳에서는 일 년에 한 번 줄다리기 시합이 열립니다. 승부 결과에 따라 현 경계를 1미터씩 뺏고 뺏기는 행사인데 이런 줄다리기로 2014년에는 산토리 지역문화상을 수상하기도 했습니다.

저는 미사쿠보를 무척 좋아하는데, 얼마 전 인연이 닿아 다녀올 수 있었습니다. JR 이다(飯田)선을 타면 미사쿠보역까지 어렵지 않게 갈 수 있지만, 시즈오카 남쪽에서 가기에는 꽤 먼 거리입니다. 산간 지역이라 임업이 활발한 데도 '물웅덩이'[89]라는 지역 이름 때문인지 모르겠지만, 덴류가와(天竜川) 수계 협곡 안에 갑자기 아름다운 풍경이 펼쳐집니다. 물론 고층 아파트 따위는 없습니다. 이곳은 역참 마을이었던 역사가 있어 미야모토 쓰네이치 선생도 『나의 일본지도① 덴류가와를 따라서』라는 책에서 미사쿠보 이야기를 서술할 정도로 민속학적으로도 소중한 지역입니다.

그런 미사쿠보 상점가에는 대대로 이어온 '고마쓰야 제과'라는 제과점이 있는데 도치모치[90]가 일품입니다. 재료로 쓰는 도치 열매는 현지에서 얻고 있으며 크림도치 다이후쿠나 기비 롤 케이크도 유명합니다. 아이들은 주로 튀김 도넛을 먹는데 막과자도 함께 팔고 있어 재미있는 가게입니다.

미사쿠보는 도치뿐 아니라 감자도 특산물로 유명합니다. 지역 활성화 활동을 벌이는 NPO '고이네미사쿠보' 측에서 '미사쿠보 자가타'라는 감자밭에 안내해주셨는데, '자가타'는 '자가

89) 미사쿠보(水窪)라는 지역명을 한자를 풀어쓰면 '물(水)' '웅덩이(窪)'라는 뜻이 된다.
90) 栃餅. 마로니에 같은 칠엽수 열매로 만든 찹쌀떡.

타라'와 '자카르타'가 변형된 말이라고 합니다. 감자의 원산지는 남미의 안데스산맥으로 이 감자가 네덜란드를 경유해 일본으로 들어온 겁니다. 그런데 자카르타가 있는 인도네시아가 한때 네덜란드 영토였던 연유로 감자를 '자가타'라고 부르게 됐지요. 특히 미사쿠보 자가타에서 재배하는 감자는 원종에 가까워 종자를 소중히 지키고 있다고 합니다. 감자가 처음 일본에 들어왔을 때 꽃을 보기 위한 관상용이었다는 설이 있는데, 이를 뒷받침이라도 하듯이 미사쿠보 자가타는 드물게 보라색 꽃을 피워 흥미를 자아냅니다.

그런데 마을에서 원래부터 자카타를 재배한 건 아니라고 합니다. 처음에는 기타아카리 품종이나 크기가 있는 재래종을 키웠지만, 더 가치가 있는 지역 고유의 종자를 남겨야 한다는 지역민의 뜻을 모아 미사쿠보 자가타의 복원을 결정했다고 합니다. 60대 젊은(?) 세대부터 90대 선배 어르신까지 모두 참여해서 말이지요. 지금은 지역민의 사랑을 받는 고정종이 됐고, 고로케를 만들거나 니혼슈나 소주를 개발하는 등 다양한 활동을 펼치고 있습니다. 미사쿠보 자가타 밭을 직접 가 봤더니 유기재배를 하는 등 정말 소중히 관리하고 있다는 걸 바로 알 수 있었습니다.

이처럼 옛날부터 마을에 전해지던 미사쿠보 자카타 품종을 다시 활성화하는 과정에서 감자는 마을 문화로 자리 잡았고, 급기야 '고이네미사쿠보 자가타 축제'를 열기에 이르렀습니다. 고등학생도 참가하고, 마을 주민 모두 즐기는 축제가 됐는데 이것 또한 '리제너러티브' 감각이 아닐까 싶습니다.

덧붙여 말하자면, 미사쿠보 자가타 고로케도 맛있었지만, 결국 저의 선택은 미사쿠보의 천연 누룩으로 빚은 니혼슈였습니다. 미사쿠보 이야기를 이렇게나 길게 늘어놓더니 또 술이냐는 핀잔의 소리가 들리지만, (웃음) 술이 너무나 투명하고 화사한 데다 맛 또한 깔끔해 음미할수록 미사쿠보의 풍경이 더욱 그리워지네요.

노시로의 바람과 숲은 몇 점?

봄이 오면 관계인구 강좌를 위해 아키타에 가는 일이 많은데, 그 지역은 개인적으로도 자주 방문하는 곳입니다. 아키타의 요네시로가와(米代川)를 비롯해 동해와 인접한 주변 강에서 낚시를 즐기기 때문이지요. 옛날에는 다른 한자를 써서 '요네시로가와(米白川)'라고 표기하기도 한 모양인데, 아마 강물이 마치 쌀뜨물이나 써레질한 논처럼 탁한 색을 띠는 경우가 있어 그런 게 아닐까 싶습니다. 하지만 평상시에는 맑고 큰 강입니다. 무엇보다 본류에 댐이 없어 바다와 강을 오가기가 쉽습니다. 그렇다 보니 물고기도 바다에서 강을 거슬러 올라와 산속 계곡까지 옵니다. 그런 자연의 순환 속으로 낚싯대를 드리우는 셈이지요. 운 좋게 잡히기도 하지만 좀처럼 잡히지는 않았습니다. 여하튼 그런 도전을 지난 몇 년간 해왔는데 최근 노시로(能代)라는 마을이 무척 재밌어졌습니다.

노시로는 원래 목도(木都)라고 부를 만큼 목재 산지로 유명했던 지역입니다. 벌목한 아키타 삼나무를 요네시로가와 상류를 통해 가져왔는데, 이사벨라 버드[91]도 『일본 오지기행』에 썼듯이 도중에 엄청난 난코스가 있었다고 합니다. 그렇게 가져온 나무를 나나쿠라(七座)나 후타쓰이(二ツ井) 마을에 쌓아놓고 있다 기타마에선으로 일본 각지로 운반한 것이지요. 그랬던 요네시로가와 유역이 지금 다시 목재의 도시로 부활을 꿈꾸면서 커다란 창고까지 마련했습니다.

한편, 일본은 해외에서 들여온 에너지에 의존하는 일이 많습니다. 하지만 자신의 마을에서 직접 에너지를 생산하는 경우도 있습니다. 최근 지열을 활용한 발전에 힘을 쏟고 있는 요네시로가와 유역권의 가즈노(鹿角)시가 대표적이지요. 이처럼 에너지 자립 측면에서 바라보면, 앞으로 노시로 지역은 강점을 발휘하지 않을까 싶습니다.

---

91) Isabella Lucy Bird(1831-1904). 19세기 대영제국 시절의 여행가, 지리학자, 작가. 조선을 방문 후 쓴 책 『조선과 그 이웃 나라들』(집문당)도 있다.

저는 또 요네시로가와 수계 마니아로서 가즈노뿐 아니라 기타아키타의 다카노스(鷹巣)나 오다테(大館)시를 정말 좋아합니다. 제발 오다테노시로 공항만큼은 절대 사라지지 않길 바라고 있습니다. 아, 앞서 언급했던 비밀의 공유 오피스가 있는 하기·이와미 공항도 포함해서요.

참고로 오다테노시로 공항은 충견 하치를 기념해 8[92]로 끝나는 날짜에는 아키타견이 마중을 나옵니다. 엄청 귀여운 아키타견이 "환영합니다. 어서 오세요."라고 인사하듯이 반기는데, 참으로 평화로운 모습이었습니다.

우리 사회는 행정구역 단위에 익숙합니다. 하지만 사회 구조를 돌아볼 때 유역 중심으로 사고하는 게 이치에 맞는다고 생각합니다. 실제로 YAMAP[93]도 유역 지도 서비스를 시작했듯이 유역의 가치를 재조명하는 움직임이 일고 있습니다. 저 또한 모가미가와 유역의 청년들에게 영감을 받아 '유역 관계인구' 개념을 강조하고 있습니다. 역사적으로도 강을 따라 문화가 발전해왔습니다. 강변 문화는 상류 지역과 하류 지역이 서로 대치해왔다기보다는 의외로 공통점이 있습니다. 오사카·간사이 엑스포도 기본적으로 비와호수를 비롯한 간사이 유역권 문화를 제대

---

92) 일본어로 숫자 8은 '하치'라고 읽는다.
93) 등산 정보를 비롯해 산악 지도와 커뮤니티를 제공하는 앱 서비스 이름.

로 알리려는 콘셉트로 시작했습니다. 이처럼 앞으로 유역은 더욱 주목받는 키워드가 되지 않을까 싶습니다.

다시 본론으로 돌아오자면, 이처럼 노시로는 아키타현 북부의 유역 문화가 집약된 대표 도시라는 인상을 강하게 풍깁니다. 또한 앞서 언급했듯이 목재의 도시답게 산림자원을 되살리려는 구조를 만들고 있어 여러모로 눈길을 끌고 있습니다. 또 하나 들수 있는 특징은 바람이 강하게 부는 지역이라는 점입니다.

동해 쪽 도호쿠 지방 야마가타나 니가타도 마찬가지이지만, 특히 노시로는 풍속 10미터 정도는 당연하다고 여기는 지역이라 곳곳에서 풍력발전기가 돌고 있는 모습을 볼 수 있습니다. 최근 풍요롭다는 건 과연 무엇인지를 생각해 볼 기회가 있었습니다. 예컨대 스마트폰에서 야후 날씨 서비스를 클릭하면 지역별 간단한 날씨 정보가 나타나고 한 번 더 클릭하면 풍속 정보까지 알 수 있습니다. 물론 바람도 지나치면 좋지 않지만, 바람은 매우 중요합니다. 씨앗을 옮기기도 하고 흙이나 물의 순환 작용을 일으키기도 하니까요. 따라서 풍량 또한 매력있는 지역 자산으로 여기는 시대가 올 거라 생각합니다. 마찬가지로 높은 해발고도나 고위도 지역이라는 환경 조건도 훌륭한 무기가 될 수 있을 겁니다. 기후변화 시대에는 서늘한 기후를 가진 지역의 가치가 높아질 테니까요.

바꿔 말해 산림 비율이 높은 경우, 지금까지는 "우리 지역은 너무 산골이야." 하면서 마을의 미래를 걱정하기도 했지만, 앞으로는 산림 비율을 곧 산림 성적으로 여기는 시대가 온다는 이야기입니다. 즉 산림 비율이 93퍼센트면 산림 성적은 93점이 되는 것이지요. 이처럼 지금까지는 마이너스 요소라고 여겼던 환경 조건을 마을의 매력으로 강하게 내세워도 좋지 않을까 생각합니다.

오래전 일이지만, 아프리카 취재를 앞두고 당시 상사로부터 앞으로는 풍력 발전 같은 재생 에너지가 대세가 될 것이고, 선진국들은 자연 에너지의 보고인 아프리카에게 역전당하게 될 터이니 직접 가서 얼마나 바람이 센지 조사해오라는 지시를 받았습니다. 급기야 가전 매장으로 달려가 신형 풍력계까지 구해 노구치 겐[94] 씨와 함께 아프리카 '바람의 계곡'이라고 불리는 케냐 투르카나 호수로 향했습니다. 그곳은 투르카나족의 땅인데, 풍속을 재보니 24미터나 돼 깜짝 놀랐습니다. 이 정도가 일상적으로 부는 속도라면 정말 대단한 에너지원이 아닐 수 없었으니까요.

스와힐리어로 바람을 '우페포'라고 부르는데 그곳의 민간 설화인지 신화인지는 모르겠지만, 투르카나족의 한 장로가 말하길, 바람에는 '좋은 바람'과 '나쁜 바람'이 있어 좋은 우페포는 은총을 내리고, 나쁜 우페포는 병을 준다는 겁니다. 덧붙여 그 나

---

94) 野口健. 일본의 산악인. 환경운동가.

쁜 우페포는 따로 '요로'라고 부른다더군요. 참고로 일본어를 영어로 통역하고, 영어를 다시 스와힐리어로 통역한 후 최종적으로 투르카나어로 전달하는 식이어서 통역하는 사람만 네 명에 이르는 복잡한 취재 과정이 있었습니다. 가령 "바람은 어떤 이점이 있습니까?" 하고 장로에게 제가 일본어로 물으면, 앞서 말한 통역 단계를 거쳐 장로에게 전달되고 장로는 10분 정도에 걸쳐 투르카나어로 답해줍니다. 그러면 다시 역순으로 단계를 거쳐 일본어로 통역되는데 "바람은 좋은 녀석이지."라는 단 한마디가 돌아오는 바람에 이런 대화가 무슨 의미가 있을까 생각하면서 기사를 썼던 일이 새삼스레 떠오르네요. (웃음) 여하튼 케냐의 '바람의 계곡'처럼 노시로나 홋카이도 왓카나이(稚內)의 강한 바람도 마을의 매력이라고 생각합니다. 그런 점을 관계인구를 모으거나 이중거점 생활지로 마을을 홍보할 때 활용해보면 어떨까요. 앞으로 마을 선택지로 바람과 숲을 비롯해 해발고도, 위도, 지열 같은 요소도 넣어야 하는 게 아닐지 모르겠습니다.

앞서 언급했던 만화 『나쓰코의 술』은 30년 전 니가타 쌀 산지를 무대로 토양 재생이나 토종벼를 되살리는 이야기가 주제였습니다. 하지만 지금은 적군인지 아군인지 모르겠지만 기후변화에 대응할 새로운 '리제너리티브'로서 기존에는 없었던 요소를 추가해야 하는 시대로 접어든 것 같습니다.

끝으로 라멘 이야기 하나. 노시로 하면 '고사쿠 라멘'을 빼놓을 수 없습니다. 아키타에 몇 군데 점포가 있습니다. 아키타나 노시로 사람은 어릴 때부터 먹는 소울 푸드 같은 라멘인데 정말 맛이 기막힙니다. 저의 추천은 간장버터 라멘이지만 미소라멘도 좋습니다. 노시로에 가면 무엇보다 고사쿠 라멘집으로 달려가 빳빳하게 다린 하얀색 조리복을 입은 청년과 선배가 함께 요리하는 모습을 보면서 라멘을 먹는 게 제겐 중요한 일입니다. 참, 아침 10시에 문을 여니 참고하세요.

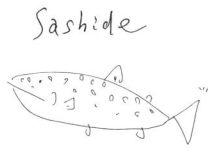

Sashide

제5장

지역 PR에서 찾은 이중거점 사고

할리우드 애니메이션의 성공 비결

얼마 전 「인사이드 아웃 2」라는 디즈니 영화를 보고 왔습니다. 최근 엄청난 인기를 얻고 있는데, 「겨울왕국」을 제치고 애니메이션 영화 사상 최고 흥행수익 신기록을 경신했다고 합니다. 주인공은 13세 소녀 라일리. 이번 편에서 라일리는 샌프란시스코에서 창업하는 아버지를 따라 가족과 함께 이주하고 고등학생이 됩니다. 저는 1편을 보지 못했는데도 매우 재밌게 볼 수 있었습니다. 라일리 머릿속의 여러 감정이 캐릭터가 돼 라일리를 응원하기도 하고, 좌충우돌 소동을 벌이는 설정이 흥미로웠으며, 마음을 따뜻하게 만들어 주더군요.

라일리는 그동안 다섯 가지 '감정'과 함께 살아왔습니다. 특히 언제나 라일리를 챙겨주는 '기쁨'이라는 매력 넘치는 감정 캐릭터가 나오는데, 라일리가 행복한 인생을 살아가도록 도와줍니다. 그런데 이번 2편에서는 사춘기를 맞은 라일리의 머릿속에 '불안' 같은 어른의 감정이 새롭게 등장합니다. 어린 시절부터 함께 했던 감정팀과 어른이 돼가면서 새롭게 나타난 감정팀은 사이가 특별히 나쁘지는 않지만, 어쩐지 자꾸 부딪히는 일이 생깁니다. 여기서 더 이야기하면 스포일러가 될 수 있으니 이쯤에서 생략할까 합니다. 정리하자면, 「인사이드 아웃 2」는 어릴 적 감정과 어른이 되면서 싹트는 감정 모두 중요하다는 사실을 라일리가 깨달아가는 성장 스토리입니다. 참, 영화 속 샌프란시스코 풍경이 정말 샌프란시스코 같아서 놀랐습니다.

영화를 보면서 이런 생각이 들었습니다. 일반적으로 이력서를 쓸 때 출신 대학이라든가 화려한 경력 등 좋은 점만 쓰지 않습니까. 하지만 사람의 성장이란 좋은 일로만 이뤄지는 건 아닙니다. 오히려 실패했던 일이나 부끄러웠던 일 아니면 분하거나 외로움에 밤마다 울었던 일이 우리를 어른으로 만들지요. 물론 우리는 그런 일을 이력서에 쓰거나 하면서 잘 드러내지 않습니다만, 이 영화는 그런 희비 교차가 성장 과정에서 매우 소중한 경험이니 그런 감정을 더 드러내는 게 좋다고 말해주고 있습니다. 아이들을 위한 영화처럼 보이지만, 어른이 보더라도 쉽게 감정 이입해 공감할 수 있는 작품이니 꼭 보시길 추천합니다.

디즈니 영화 이야기가 나온 김에 부연하자면, 사실 제가 먼저 디즈니 영화를 찾아서 본 일은 거의 없습니다. 다만 딱 한 편, 정말 푹 빠져서 본 작품이 있습니다. 바로 「카」입니다. 맥퀸이라는 빨간 스포츠카가 주인공으로 나오는데, 자동차 레이스를 펼치면서 추앙받기도 하고 비판받기도 하면서 다른 차들과 청춘을 함께 보내는 이야기라고 할 수 있습니다. 커뮤니티 빌딩이라고 해도 될지 모르겠지만, 맥퀸이 동료들과 우정을 쌓고 레이스에서 우승하는 내용을 담고 있지요. 아이들, 특히 남자아이라면 한 번쯤은 거쳤을 법한 영화입니다.

그런데 어떻게 보면 이 영화는 지역 재생에 관한 영화로도 볼 수 있습니다. 그러니까 무대는 루트 66[95]이 이어지는 미국 애리조나주의 마을이라 할 수 있겠지요. 레이스 도중 맥퀸은 한때 번성했던 '라디에이터 스프링스'라는 마을에서 헤매게 됩니다. 그곳은 새로운 고속도로가 생기면서 아무도 찾지 않는 유령 도시처럼 된 마을인데 거기서 '메이터'라는 이름의 고물 트럭을 만나면서 동료들과 함께 활약을 펼쳐 마을이 되살아나는 이야기라고 할까요. 엇. 이것도 스포일러일 수 있으니 여기서 멈추겠습니다. 이 작품도 놓치지 마시기 바랍니다.

「인사이드 아웃」도 그렇지만 「카」 같은 미국 애니메이션 영화는 누구나 감동할 수 있는 이야기 구조 안에서 만드는 것 같습니다. 캐릭터 설정 역시 하와이 소녀나 아시아 소녀를 등장시켜 다양성이라고 해야 할지 정치적 올바름이라고 해야 할지 모르겠지만, 전 세계인이 즐길 수 있도록 구상하고 있어 매번 감탄합니다. 또 하나 놀라운 건 아이와 함께 극장에 오는 부모도 지루하지 않도록 영화적 장치를 마련해 놓은 점입니다.

예를 들어 미니언 캐릭터로 인기가 많은 「슈퍼배드」 시리즈 경우 아무리 스토리가 재밌다 한들 영화 자체에 관심이 없는 부

---

95) 캘리포니아주에서 일리노이주까지 이어지는 미국 국도 66호선(US Route 66)으로 약 4,000km에 이른다.

모도 있을 겁니다. 그런 부모를 끌어들이기 위해 80년대나 90년대 음악을 OST로 삽입하고는 합니다. 아이들이야 어떤 음악인지 모르겠지만, 부모가 듣기에는 자신의 젊은 시절을 떠올리게 하는 음악이 나오니 영화 볼 맛이 생기는 겁니다. 이처럼 세대를 넘어 즐길 수 있는 장치를 심어놓고 있어 대단하다고 느낄 때가 많습니다. 지역 재생을 펼칠 때 모든 세대가 즐거워할 수 있는 장소로 만들려면 어떻게 해야 할지 미국 엔터테인먼트 산업의 마케팅 기법에서 힌트를 얻는 기회가 됐습니다.

기온 마쓰리의 매력에 빠지다

일본 애니메이션 「룩 백」을 봤습니다. 「체인소맨」의 후지모토 다쓰키(藤本タツキ)가 쓴 만화가 원작인데 초등학교 시절부터 함께 만화를 그려온 두 소녀의 이야기를 그리고 있습니다. 도호쿠예술공대가 모티브가 됐다고 하는데, 아키타와 야마가타의 바다와 산 그리고 겨울의 논길 같은 풍경이 작품 전반에 흐르고 있습니다. 작가가 아기타현 니카호에서 나고 자란 탓인지 도호쿠 지방에서 살아가는 소녀들이 품은 꿈과 희망 그리고 지키고 싶은 우정과 삶의 가치 등 작품 전반에 작가 자신의 모습을 투영한 듯했습니다. "오로지 그리는 것 말고는 실력을 늘릴 방법은

없어."라는 대사가 나오는데 이것도 도호쿠예술공대 시절 작가의 모습이 아닐까 싶었습니다.

특히 도호쿠예술공대는 커뮤니티 디자인학과에 특별강사로 출강하면서 졸업작품 전시회의 토크 이벤트에 참석하거나 'OPEN A' 대표이자 건축·환경 디자인학과 교수인 바바 마사타카 선생과 함께 토크 세션을 하느라 발걸음이 잦았던 학교이기도 합니다. 그렇게 익숙한 학교의 모습을 애니메이션 속에서 다시 보니 무척 반갑더군요. 그러고 보니 지역 활성화를 목적으로 제작하지 않은 애니메이션이더라도 자연스럽게 로컬의 매력을 느끼게 하고 지역에 호감을 품게 만들 수 있다는 사실을 알려준 작품이 바로 「룩 백」이었습니다.

도호쿠 지방의 지명이나 장소 이름이 강조돼 나오지는 않지만, 바로 그곳이 어디인지 알 수 있습니다. 예를 들어 대학 건물이 등장하면 한눈에 "아, 저긴 도호쿠예술공대 건물이네." 하고 알아볼 수 있는 식이지요. 지금은 돌아가셨지만 야마가타현 오구니마치 출신의 건축가 혼마 도시오(本間利雄)가 설계한 건물입니다. 저도 혼마 선생의 건축을 좋아하지만, 야마가타 공공건축물 중에서는 '혼마 도시오 건축 장르'가 있을 정도로 그의 작품을 많이 볼 수 있습니다. 영화 속에서는 건축뿐 아니라 니카호나 야마가타 시내를 비롯해 우뚝 솟은 조카이산(鳥海山) 등 도호쿠 지방, 특히 아키타와 야마가타 풍경이 많이 나옵니다. 그곳을 아

는 사람이라면 퀴즈 정답을 맞히듯이 즐기면서 볼 수도 있을 겁니다.

영화를 또 한 편 봤는데 가토 가즈히코(加藤和彦)가 나오는「도노반, 음악가 가토 가즈히코와 그 시대」라는 음악 다큐멘터리입니다. 아시다시피 가토 선생은 '사디스틱 미카 밴드'나 '더 포크 크루세이더즈'의 리더로 시대를 이끌었다 해도 과언이 아닌 인물이었습니다. 음악적 재능뿐 아니라 라이프스타일도 멋졌는데 영국에서 롤스로이스를 직접 사서 타고 다녔던 일화가 유명합니다.

저도 가토 선생을 무척 좋아했는데, 2003년부터 2004년 무렵까지 가토 선생과 함께 일할 기회가 있었습니다. 아시아 사람을 대상으로 한 라이프스타일 잡지「와즈와즈」의 부편집장을 맡았을 때인데 그때 편집장이 바로 가토 선생이었지요. 가토 선생께 의견을 물으며 한 권 한 권씩 만들어 나갔습니다. 롯폰기 자택에도 회의차 몇 차례 찾아간 적도 있었는데 당시 부인 야스이 가즈미 씨도 뵐 수 있었습니다. 가토 선생은 요리에도 일가견이 있어서 파스타를 해주시기도 했는데, '내가 이런 호사를 다 누리는구나' 하면서 감동했던 기억이 있네요. 생각해 보면 가토 선생은 교토 사람에게 느낄 수 있는, 저라면 도저히 따라갈 수 없는 뭔가 어른의 페로몬 같은 걸 풍겨 누구나 빠져들게 만드는 매력이 있던 분이었습니다. 가루이자와에서 생을 마감하셨지만, 함께 잡지를 만들었던 경험은 제가 성장하는 데 큰 도움이 됐습니다.

「도노반」은 음악가였던 가토 선생의 발자취를 따라가는 영화로 가토 선생이 음악을 담당했던 영화, 「박치기!」도 소개하고 있었습니다. 「박치기!」의 실제 모델은 매거진하우스 편집자였던 마쓰야마 다케시 선생으로 이분하고도 함께 일한 경험이 있습니다만, 영화를 보면서 '아! 이런 청춘을 보내신 분이구나' 하고 새삼 느끼기도 했습니다. 영화 속 교토 풍경은 최근 마이코나 기요미즈데라(清水寺)를 보기 위해 관광객이 몰려드는 오버투어리즘의 교토와 다른 분위기였습니다. 일본인 남학생과 조선학교 여학생의 사랑 이야기도 그리고 있어 또 다른 그 시절의 교토를 엿볼 수 있었습니다. '더 포크 크루세이더즈' 시절의 가토 선생이 만들었던 「임진강」이 영화 주제곡으로 쓰이는데 한때 방송금지가 되기도 했었지요.

「도노반」은 고베 모토마치에 있는 영화관에서 가족 셋이 함께 봤습니다. 아들이 요즘 밴드를 한다며 베이스기타를 열심히 치길래 음악 영화이기도 하고 또 '사디스틱 미카 밴드' 음악도 나올까 싶어 함께 갔는데 막상 본인은 과거 음악에는 별로 관심이 없는 듯 보였습니다. 그래도 좋은 경험이길 바라는 마음에서 "아빠가 이분과 함께 일한 적이 있어." 하고 자랑했더니 그제야 깜짝 놀라더군요.

영화 속에서 교토 이야기가 나와서 그런 건 아니지만, 올여름 아내와 함께 기온 마쓰리 요이야마[96)]에 다녀왔습니다. 아내는 몇 차례 간 적이 있었지만 저는 이번이 처음이었습니다. 온라인으로 관계인구 강좌를 마친 후 고베에서 직접 차를 몰고 교토로 갔습니다. 차가 엄청나게 막힐 것 같아 각오하고 갔는데, 막상 교토시청까지 의외로 한산했습니다. 오버투어리즘을 우려하는 교토가 교통체증도 없었고 거리에 사람도 그리 많지 않았습니다. 하지만 그건 일시적 현상이었을 뿐, 야마호코준코(山鉾巡行)라는 축제 행렬이 이어지는 메인 도로는 수많은 인파가 몰려 한 발짝도 움직일 수 없는 상황이었습니다. 어렵게 뒷골목으로 빠져나가니 비로소 걷기가 수월해지더군요. 교토 오뎅도 먹으면서 편안하게 구경했습니다.

교토에 가보고 싶었던 이유는 요이야마를 실제로 봤으면 했고, 또 하나는 업무적으로도 참고가 될까 싶었던 데 있었습니다. 중산간 지역이나 지방 도시에 업무차 방문하면 "우리 지역도 교토나 가루이자와처럼 됐으면 좋겠어."라고 말하는 지역 주민이 많아, 이참에 열기로 가득한 교토 분위기를 느껴보면 좋을 것 같았습니다. 요이야마는 정말 감동이었습니다. 미디어 파사드 같은 새로운 미디어아트에 열광하는 젊은 분위기와 달리 모두 유

---

96) 요이야마(宵山)는 기온 마쓰리(祇園祭)의 전야제 성격의 행사를 말한다. 참고로 기온 마쓰리는 일본의 3대 마쓰리 중 하나.

카타를 입고 거리로 나가 평온한 시간을 보내는 모습이 매우 멋져 보였습니다. 그곳의 모인 젊은이들의 모습에서 헤이안 시대부터 이어져 오랫동안 퇴적된 시층(時層)에 자신도 흔적을 남긴다는 기쁨 같은 걸 느낄 수 있었는데, 저 역시 마찬가지였습니다.

야마호코 중에는 긴 칼이나 초승달 모양 장식이 달린 가마도 있고, 지붕 위에 사마귀가 올라탄 모양의 가마도 있었습니다. 심지어 사마귀가 움직이게 만들어 놓기도 했더군요. 중국 고사 '당랑의 도끼(螳螂之斧)'에서 유래했다고 합니다. 당랑은 사마귀를 뜻하는데 절대로 이길 수 없어 보이는 상대 앞에서도 겁내지 않고 맞서는 모습을 상징합니다. 남북조시대부터 있던 야마호코라고 하니 정말 대단합니다. 멋진 현대적 건물이 늘어선 길 한복판에서 오랜 역사의 자취와 빛깔이 깃든 야마호코 행렬을 보자 순수한 감동이 밀려왔습니다. 현대와 전통이 함께 미래로 이어지는 일이 이토록 소중한 일이라는 사실을 새삼 깨달았습니다.

가루이자와의 네이처 포지티브

교토도 대단하지만, 가루이자와도 전국에 이름이 알려진 지역입니다. 가토 선생도 가루이자와를 좋아해 자주 찾았지만, 저역시 오래된 인연이 있는 곳입니다. 제 고향 군마현 다카사키에서는 18세가 돼 운전면허를 따면 처음으로 향하는 곳이 바로 가루이자와입니다. 남녀가 그룹을 지어 18번 국도 대신 구불구불한 우스이 고갯길로 달려갑니다. 그러다 옛 가루이자와에서 월 귤 사이다를 마시며 "가루이자와는 북적이는 곳이네." 따위의 말을 하면서 첫 장거리 드라이브를 즐기고는 했습니다.

중학생 무렵에는 가루이자와를 배경으로 한 만화「가루이자와 신드롬(약칭 가루신)」(쇼가쿠칸)도 읽었습니다. 다가미 요시히사의 청춘물로 가루이자와에서 일어나는 사건을 배경으로 사랑과 우정을 그린 작품입니다. 참고로 다가미 선생은 7등신 또는 8등신의 멋진 체형의 캐릭터가 개그 장면에서는 갑자기 2등신이 되는 새로운 작법을 선보인 만화가이기도 하지요. 당시의 만화가라면 고향을 떠나 도쿄에서 일하는 게 일반적이었지만, 젊은 시절 다가미 선생은 고향인 고모로(小諸)에 살면서 이 작품을 썼습니다. 그림체가 마음에 들어 전권을 소장하고 있는데「가루신」말고도 '자시키와라시'[97]나 '고다마'[98] 같은 일본 지방에서 전해지는 요괴 전설을 모티브로 한 『정령기행(精靈紀行)』이라는 작품도 있으니 한번 읽어보시기를 바랍니다.

이처럼 10대 시절부터 시작된 가루이자와의 인연은 2003년,

---

97) 座敷童子. 다다미방이나 창고에 사는 일본 정령
98) 木靈. 나무에 깃든 정령

가루이자와에서 결혼식을 올리는 데까지 이어졌습니다. 물론 지금도 자주 찾고 있습니다. 올해도 다녀오면서 왜 이렇게 가루이자와가 인기를 얻고 있는지 다시금 생각해봤습니다.

이유 중 하나는 호시노 리조트가 가루이자와의 자연을 살려 온천 '돈보노유'나 자연 체험장 '핏키오' 같은 시설을 조성해 지역 활성화를 이끈 데 있다고 생각합니다. 아사마(浅間)의 산악에 펼쳐진 침엽수림 습지였던 가루이자와 분위기를 살려 조용한 별장촌으로 바꿔놓은 겁니다. 가루이자와 지자체가 어디까지 관여했는지는 조사한 바가 없어 잘 모르겠지만, 차로 지나면서 길가의 수목 식생이나 마을 경관을 보면 소중하게 다뤄져 왔다는 걸 느낄 수 있습니다. 가루이자와에 오는 사람은 반드시 도로를 이용하게 되는데 그래서인지 도로변의 나무들이 마을 경관과 공생하고 있다고 해야 할지, 자연 활용법이 매우 뛰어나다고 느꼈습니다. 교토의 역사 활용 방식이 뛰어나듯이 가루이자와는 자연을 활용하는 방식이 능숙해 보였습니다.

최근 들어 '네이처 포지티브' 관련한 논의가 활발해지고 있습니다. 네이처 포지티브란 생물 다양성 감소를 해결하기 위해 자연 손실을 막고 회복시키자는 움직임인데 가루이자와 마을 사람이나 그곳을 찾아 머무는 사람 그리고 행정 모두 네이처 포지티브 감각이 매우 뛰어난 듯 보입니다. 다른 지역에서도 본보기로 삼으면 어떨까 싶네요. 사이니지 디자인만 봐도 알 수 있습니다.

가루이자와 별장촌은 길을 잃을 만큼 복잡한 편인데도 안내 정보를 찾기 어렵습니다. 눈에 잘 띄는 문자 정보를 규제하는 대신 자연경관의 아름다움에 집중하도록 설계한 것이지요. 세이부그룹이 개발한 지역이라 그런 미학이 계승된 걸지도 모르겠지만, 여하튼 그런 관점으로 가루이자와를 즐겨도 재밌을 겁니다.

가루이자와는 또 존 레논이 사랑한 마을로도 유명합니다. 오노 요코의 별장이 있어 여름이면 아들 션 레논과 셋이서 가루이자와로 피서를 왔다고 합니다. 아사마산 '오니오시다시엔(鬼押出し園)'에서 찍은 가족사진도 유명하지요. 군마현 출신인 제가 봤을 때도 "아니, 오니오시다시엔이 저렇게 멋진 곳이었어?"라는 말이 절로 나올 정도입니다. 사실 오니오시다시엔은 가루이자와가 아닌데도 '기타카루이자와(北軽井沢)'로 널리 알려져 있습니다. 실제 행정구역은 군마현 쓰마고이무라(嬬恋村)에 속하지요. 그런데도 기타카루이자와라는 지역명으로 전국 통용권을 얻어 '기타카루'라는 애칭까지 생겼습니다. 그러니까 기타카루에 별장이 있어도 가루이자와에 별장이 있는 셈이 되는 겁니다. 이렇게 말하면 군마 사람들이 싫어할지도 모르겠지만, 이것도 지역 홍보의 효과적 전략이라고 생각합니다.

예를 들자면 얼마 전 다음과 같은 상담 문의가 들어왔습니다. "우리 지역에도 쓰키지나 도요스 못지않은 좋은 어시장이 있는데 외국인이든 내국인이든 관광객이 오지 않습니다. 좋은 방법이 없을까요?" 저는 바로 대답했습니다. "어시장 이름 앞에 '쓰키지'를 붙이세요."

저도 어딘가에 가서 카레가 먹고 싶을 때는 가게 이름에 타지마할이라는 말이 들어 있으면 무조건 맛있을 것 같아 들어가곤 합니다. 일본 사람 대부분은 타지마할이 인도 어디에 있는 지역인지 모르지만, 카레집 이름이 되는 순간 왠지 현지 마을 분위기까지 느껴지게 하는 신비한 유인력을 발휘합니다. 그런 유인력이 있는 이름이 일본에서는 '쓰키지'입니다. 그러니까 '쓰키지 ○○시장'처럼 하라는 이야기였습니다. 물론 법적으로 문제가 있다면 안 되겠지만요.

교토나 가루이자와도 그렇지만 스키장 니세코도 같은 유인력을 가집니다. 나가노현에 미요타(御代田)라는 곳이 있는데 군마현의 기타카루이자와처럼 지역 이름을 '니시카루이자와(西軽井沢)'로 바꾸려고 한다는 뉴스를 들었습니다. 미요타는 제가 정말 좋아하는 곳입니다. 이름도 예뻐 지금 그대로의 이름으로 지역을 알려도 좋을 텐데 이름을 바꾼다니 왠지 아쉬움이 생깁니다. 하지만 한편으로는 미요타에서도 새로운 움직임이 일어날 수 있겠다는 생각도 들었습니다.

오카야 명물 열전

　일전에 있었던 가루이자와 방문길은 차를 이용했는데, 도중에 스와(諏訪)호수 옆에 있는 오카야(岡谷)시를 들렀다 갔었습니다. 2024년 봄에는 오카야 시의원 이마이 고이치(今井浩一) 선생의 초대로 마을 만들기 공부 모임 강사로 활동하기도 했었습니다. 소토코토를 응원해주시기도 하는데, 원래 이마이 선생은 연극 정보지「시어터 가이드」의 편집장을 지냈던 분으로 지역 문화 활동에 힘을 쏟아 왔습니다. 사실 오카야는 어릴 적 자주 방문했던 터라 제게 고향 같은 마을입니다. 매우 재미있는 곳이지요.

　사연을 말하자면, 어릴 적 아버지는 다카사키에서 보일러를 만드는 작은 회사를 운영했습니다. 그런 아버지는 종종 "오카야에 갈 건데 같이 갈래?" 하면서 저를 오카야에 데리고 다니셨지요. 그렇다고 당시 제가 오카야에 딱히 관심이 있었던 건 아닙니다. 단지 아버지와 함께 외출하는 게 좋아서 "응. 나도 갈래." 하면서 따라나섰을 뿐입니다. 물론 가는 길에 전자오락실에 들러 '크레이지 클라이머'를 하거나 홋카홋카의 닭튀김 도시락과 김도시락을 먹는 즐거움이 있기도 했지요. 물론 아버지는 일 때문에 가셨습니다. 오카야의 제사(製絲)공장을 비롯해 여러 현장의 보일러를 둘러보는 일이었어요. 한마디로 단골 거래처 관리였습니다. 여하튼 그런 추억이 깃든 곳이라 가루이자와에 가는 길

에 들렀던 겁니다.

오카야는 인접한 스와시의 스와대사[99] 문화가 짙게 배어 있는 곳입니다. 스와대사의 뿌리는 조몬 시대까지 거슬러 올라가는데 파고들면 무척 흥미롭습니다. 스와호수 일대가 바로 조몬 문화권이라 조몬 시대 유적도 많이 남아 있습니다. 그만큼 오래전부터 사람이 살면서 독자의 문화를 일궈온 지역이라 할 수 있겠지요. 또한 제사나 실크 산업이 번창해 경제적으로도 풍요로웠습니다. 그런 오카야에서 창업해 사업을 펼쳐나가는 한 회사가 있습니다. 일본을 대표하는 기업 중 하나인데 저로서는 그냥 지나칠 수 없는 회사이기도 합니다. 바로 '마루큐'라는 낚시용 미끼 제조회사입니다. 지금은 사이타마(埼玉)현으로 본사를 옮겼는데, 사이타마 신도심에 우뚝 솟은 본사 빌딩의 모습을 볼 수 있지요. 얼마 전 업무차 근처에 갔다가 마루큐 빌딩을 보고는 절이라도 올리고 싶을 만큼 신성함을 느꼈습니다.

오카야는 메이지 시대부터 제사 산업이 번성했습니다. 영화로도 만들어진 유명 소설『노무기 고개 제사공장 여공의 슬픈 이야기』[100]에도 나오지만, 많은 여성 노동자가 오카야 서쪽에 있는 노무기 고개를 넘어 다니며 일했다고 합니다. 누에고치에서 실

---

99) 諏訪大社. 일본에서 가장 오래된 신사로 전국에 있는 스와신사의 총본산이다.
100)『あゝ野麦峠 ある製糸工女哀史』야마모토 시게미(山本茂実) (1977, 角川文庫)

크를 뽑고 고치 안에 있는 번데기는 버리는데 이렇게 버려지는 번데기를 사들여 낚시 미끼로 활용한 회사가 '마루큐'였던 겁니다. 말하자면 로컬 벤처의 원조라고 할 수 있는 회사입니다.

이처럼 오카야에 친근감을 느끼고 있는데, 앞서 말했던 마을 만들기 연구 모임 참석자 중 한 분이 놀라운 선물을 주신 적이 있습니다. '야나우나기 간코소'라는 장어집을 3대째 가업으로 잇고 있는 미야자와 겐(宮澤健) 씨의 선물인데 무려 JAXA[101]에서 인증받은 우주식량 '스페이스 장어'였습니다. 미야자와 씨는 또 '실크 장어'라는 메뉴도 개발했습니다. '마루큐'와 마찬가지로 실크 공장에서 나온 누에 번데기를 섞은 사료를 장어에게 먹여 보다 부드럽고 통통한 식감을 살렸다고 합니다. 그때는 시간이 없어 인사도 제대로 못 드리고 간코소에도 가보지 못했는데 이번에 드디어 가족과 함께 맛볼 수 있었습니다. 간코소는 워낙 인기가 많아 한 시간 넘게 기다린 끝에 겨우 자리에 앉을 수 있었는데, 연락도 없이 찾아갔는데도 미야자와 씨가 저를 알아보고는 환대해주셔서 감사했습니다. 직원들도 친절하고 정말이지 지역에서 사랑받는 노포라는 걸 실감했습니다. 참고로 오카야는 장어 노래가 있을 정도로 간코소뿐 아니라 다른 장어집도 몇 군데 성업 중이라 장어의 도시로도 인기가 높아지고 있습니다.

---

101) 일본 우주항공 연구개발기구(Japan Aerospace Exploration Agency)의 약칭.

장어 굽는 방식도 흥미롭습니다. 간토 지방은 등을 갈라 찐 다음 굽고 간사이 지방은 배를 가른 후 찌지 않은 채 굽는데, 오카야는 이 둘을 합친 방식입니다. 다시 말해 등을 가르지만 찌지 않고 바로 굽습니다. 동쪽 지역과 서쪽 지역을 연결하는 교통이 발달한 곳이다 보니 서로의 문화가 교차하면서 지역 특유의 식문화로 발전한 것 같습니다. 맛있는 단맛을 내는 장어 소스에서 지역의 맛을 체험할 수 있었습니다.

　스와호수에 붙어 있는 오카야는 오랫동안 스와호수에서 장어를 잡아 왔기에 장어 문화가 살아 숨 쉬고 있습니다. 장어가 이 지역 대표 민물고기였던 셈인데 요즘은 어획량이 줄어 오카야에서도 사용할 장어가 부족하다고 합니다. 현재는 도요하시(豊橋) 등 양질의 장어 산지에서 키우고 있기도 하지만, 일본 전국은 물론 세계적으로도 자연산 장어 자원은 감소하는 실정입니다. 그래도 주말이면 곳곳의 장어집은 개점과 동시에 손님이 줄을 서고 예약도 꽉 찰 정도로 대성황을 이룹니다. 한 시간도 안 돼 '오늘 장어 매진' 같은 안내문이 붙는 가게도 있습니다. 모든 세대가 즐기는 곳이기도 하지만 간사이 지방에서도 찾아온다고 하니 현지에서 장어가 더 이상 잡히지 않더라도 지역 고유의 식문화로서 장어라는 특산물을 계속 이어갈 수 있겠지요. 또한 번 오카야의 장어에서 배우고 갑니다.

　장어로 배를 채우고는 잠사박물관 '실크팩토 오카야'로 발걸음을 옮겼습니다. 지금도 실크를 생산하는 공장 그대로를 박물관으로 구성해 놓았더군요. 그렇다 보니 일하는 분들의 모습을 직접 볼 수 있고 질문도 건넬 수 있어 현장의 분위기가 바로 전해졌습니다. 또한 실크 관련 지식을 배울 수 있도록 해놓았고 실크 제품도 아울렛 가격으로 판매하고 있었습니다. 아내는 직조를 하는 터라 만면에 웃음을 지으며 바로 직조용 생사를 사더군요. 오카야, 정말 좋은 마을입니다.

베이스 캠프는 관계 맺기의 출발점

2024년 9월부터 아키타현 가즈노시에서 관계인구 강좌 '가즈코토 아카데미'를 시작했습니다. 가즈노시는 '하나와바야시'라는 가마 축제로도 유명한 곳으로, 1983년까지 영업했던 100년 넘은 양조장 건물도 아름다운 모습으로 남아 있습니다. 또한 조몬 유적지나 지열발전소 등 가보고 싶은 곳이 많아 기대하는 중입니다. 하지만 저는 여행 계획 세우듯이 꼼꼼하게 조사하는 스타일이 아니라서 일단 구·세키젠 주점 건물에 가보려고 합니다. 나머지는 그 후에 정해도 충분하니까요.

지역 홍보도 그런 식으로 하는 게 좋다고 생각합니다. '그곳에 가보고 싶다'는 마음이 들 만한 곳, 오래 머물고 싶은 장소를 먼저 알리는 게 중요합니다. 거기서부터 여행이 시작되고 마을과 관계 맺기도 일어납니다. 그러면서 사람을 만나고, 취향에 맞는 장소를 탐색해 다음 장소 또 다음 장소를 발견하게 되는 것이지요. 이런 순서가 제가 볼 때는 좋은 관계 맺기가 아닐까 싶습니다. 물론 지역에서는 "이런 것도 있어요" "저기도 좋지요" 하는 식으로 많은 정보를 알리고 싶겠지만, 이른바 가성비라든가 시성비를 중요하게 여기는 요즘 시대에 사람들은 많은 정보를 처리할 시간이 그리 충분하지 않으리라 생각합니다. 예를 들어 도호쿠 지방의 어떤 지역을 홍보한다고 할 때, 처음부터 불특정 다수에게 그 지역을 내세우는 방법도 있겠지만 우선은 도호쿠 지방을 좋아하는 사람을 상대로 알리는 일이 중요하다는 이야기입니다.

마찬가지로 지역 안에 알리고 싶은 좋은 장소가 많더라도 우선은 지역 안에서 '의자' 역할을 할 수 있는 장소를 정해 그곳의 매력을 먼저 알리는 게 좋습니다. 사람들을 의자에 앉힌 후 "이 지역에서 만든 술을 종류별로 마실 수 있는 술집이 있는데 어떠세요?" 하면서 그곳에 가보고 싶게 만드는 방식이지요. 이렇게 지역의 매력을 한 꺼풀씩 알아가게 하는 게 괜찮지 않을까 싶습니다. 그렇게 볼 때 가즈노에서 '의자'는 역시 구·세키젠 주점일지도 모르겠네요. 다시 말해 짐을 맡기듯 자신을 맡길 수 있는 장소가 먼저 있어야 합니다. 그러면 그곳을 시작으로 사람들과 교류할 수 있는 장소나 맛있는 음식을 맛볼 수 있는 밥집 아니면 혼자 사색할 수 있는 공간 등 마을에 흩어져 있는 멋진 곳으로 발걸음을 옮기게 되는 것이지요.

등산에 비유하자면 '베이스캠프'라고 할 수 있겠네요. 예컨대 일본 남알프스에는 '히로가와라(広河原)'라는 베이스캠프가 있습니다. 목표로 삼은 높은 산에 오르기 전 광장처럼 탁 트인 히로가와라에서 한숨 돌리며 몸 상태를 돌본 후 다음 날 자신이 오를 산을 향해 출발합니다. 북알프스라면 가미코치(上高地)의 '도쿠사와(徳沢)'가 그런 역할을 합니다. 그런 베이스캠프가 마을 안에 있다면 방문객들은 안심하고 산에 오르기 쉬워지겠지요. 다시 말해 마을 안을 걷기가 수월해진다는 이야기입니다. 경단 꼬치처럼 "오늘 하루밖에 시간이 없으니 서둘러야 다 볼 수 있습니다."라는 식의 빽빽한 일정도 나쁜 건 아니지만 지역 안의 베이스캠프를 방문한 후 거기서부터 자신이 가고 싶은 곳을 정하면 오히려 헤매지 않고 지역을 즐기는 데 도움이 된다고 생각합니다.

낚시 세계에서는 보트 가게에서 운영하는 찻집이나 식당이 그런 역할을 합니다. 아침 일찍 보트를 타고 나갔다가 점심때는 휴식도 취할 겸 보트 가게 식당에서 "오전에는 빙어가 많이 잡혔어"라는 식으로 정보를 교환하지요. 그러다 "그럼 오후에는 호수 서쪽으로 가볼까" 하면서 다시 출사를 나가고는 합니다. 반드시 보트 가게가 아니더라도 어업협동조합 같은 곳에서 만든 휴게소일 수도 있습니다. 거기서 얻은 정보를 자신의 계획에 반영해 다음 장소로 이동하지요.

그런 식으로 관계인구나 지역을 찾는 사람들도 지역 안에 편하게 되돌아올 수 있는 장소가 있다면 여러 장소를 돌아다니기가 쉽지 않을까 싶습니다. 이미 관계 안내소나 공유 오피스 또는 미치노에키도 이와 비슷한 역할을 하고 있을지 모르지만 지역의 베이스캠프 역할을 하는 장소가 더 많이 생기면 좋을 것 같습니다.

다른 식으로 예를 들자면, 동네 목욕탕을 떠올려보세요. 탕에 몸을 담근 후 몸이 뜨거워지면 나와서 쉴 수 있는 다다미방 같은 장소입니다. 그곳에 누워 만화책을 보기도 하다가 다시 탕으로 들어가고는 하지요. "이번에는 전기탕에 들어가 볼까" 하면서 말이지요. 그런 다다미방처럼 사람들이 오고 갈 수 있는 장소를 마련하면 단순한 직선 이동이 아니라 마을 안에 머무는 사람이 늘어날 가능성도 있습니다.

기후(岐阜)현 히다(飛驒)시에는 '히다스케!'라는 매칭 사이트가 있습니다. 히다시 주민[누시·프로그램 주최자]이 해보고 싶은 일이나 도움받고 싶은 일 또는 고민거리를 비롯한 프로젝트를 사이트에 게재하고 '히다스케'[102]라는 참가자를 모집하는 식으로

---

102) '히다를 돕는다'라는 의미를 넣어 만든 말.

관계인구를 만들어나가는 독특한 시스템입니다.

히다시에는 이런 일도 있었다고 합니다. 어떤 계기로 히다시에서 기념품 가게를 운영하는 한 여성을 알게 된 남성이 그분과 대화하는 게 즐거워 히다시를 찾을 때면 기념품 가게를 먼저 들른다고 합니다. 기념품 가게가 그 남성에게는 베이스캠프인 셈이기도 한데 이처럼 베이스캠프라고 해서 그리 거창하게 생각할 필요는 없습니다. 굳이 힘을 주고 새로운 베이스캠프를 만들지 않아도 됩니다. 지금 마을에 있는 장소나 활발한 활동을 벌이는 사람들이 바로 베이스캠프가 될 수 있습니다. 관계 안내소의 다음 단계 역할을 하는 베이스캠프가 있다면 지역 홍보에 더욱 도움이 되리라 생각합니다.

마음속 지도를 꺼낼 시간

저는 평소 구글 지도로 장소를 찾거나 경로를 탐색하고는 하는데 도쿄나 오사카 같은 대도시는 지명이 크게 표시되지만, 산간 지역은 지도를 확대하지 않으면 지명을 알 수 없는 경우가 많습니다. 우리는 그런 지도 체계 안에 살고 있지요. 그런데 일본 지도에서 지역 이름을 대문자로 표기하는 기준이 인구나 산업 규모 또는 교통 요지라면 그런 지도로 과연 일본의 지역을 제대로 소개할 수 있을지 의문스럽습니다. 가령 자신의 마음속 지역이 '대문자'로 표기된 나만의 지도가 있다면 어떨까요. 본오도리를 좋아한다면 아마 기후현의 구조하치만(郡上八幡)이나 나가라가와 아니면 요시다가와(吉田川)와 시라토리(白鳥) 같은 지명이 대문자로 보이겠지요. 또 등산을 좋아한다면 나가노현 마쓰모토시가 한없이 크게 표시될 겁니다. 마쓰모토는 여러 산으로 통하는 거점이니까요. 아니면 남알프스로 가는 관문인 야마나시현의 고후시도 마찬가지겠지요. 도호쿠의 산을 좋아하는 저는 머릿속에 야마가타현 쓰루오카(鶴岡) 시가 대문자로 떠오릅니다만.

이처럼 지역을 홍보할 때도 우리 지역을 대문자로 생각해주는 사람이 누구인지 알아두면 좋을 거 같습니다. 지역 특성이 강한 장소라면 특정 취미를 가진 사람에게 매우 이국적 장소로 마음속 지도에 대문자로 새겨질 겁니다. 구글 지도 10만 분의 1 축척으로는 나타나지 않은 지역이더라도 여러 목적으로 해당 지역을 찾는 사람이 분명히 있습니다. 따라서 지역을 알릴 때 넓고 얕게 보다는 우리 상상을 뛰어넘는 깊고 뾰족한 방법이 없을지 고민해볼 필요가 있습니다.

제 마음속 지도에는 문학이 키워드인 대문자 지역 몇 군데가 있습니다. 하나 들자면 야마가타현 고마쓰마치(小松町)입니다. 지금의 가와니시마치(川西町)의 중심부에 해당하지요. 구·고마

쓰마치는 이노우에 히사시[103] 선생의 출생지로 야마가타현 남쪽 오키타마(置賜) 지역에 속하는 분지인데, 과거 이사벨라 버드도 "풍요로움이 가득한, 아시아의 아르카디아(무릉도원)"라고 극찬했던 아름다운 곳입니다.

얼마 전 업무 회의가 있어 가와니시마치 부근에 출장 갔다 신칸센 출발 시각까지 여유가 있어 '가와니시마치 온천센터 마도카'에 들렀던 적이 있습니다. 수건을 준비해 탕에 들어섰는데 안에 계시던 지역 어르신들이 저를 뚫어지게 쳐다보시는 겁니다. 흔히 겪는 일이지요. 아무래도 평소 지역 주민만 오는 곳에 갑자기 모르는 얼굴이 들어오니 궁금했을 겁니다. 서부 영화를 보면 외지인이 문을 열고 술집에 발을 들여놓는 순간, 건장한 현지 사람들이 그를 노려보는 장면이 자주 나오지 않습니까. 바로 그런 느낌입니다. 물론 경계심이나 악의 같은 건 없지요. 다만 "어디서 왔지?"라고 말을 걸어볼까 말까 하는 긴장감이라고 할 수 있는데 저는 이런 분위기를 좋아합니다.

한편 가와니시마치에는 앞에서도 언급했지만, 저의 마음속 스승 이노우에 히사시 선생이 기증한 약 22만 권의 장서와 자료로 만든 도서관 '지필당(遲筆堂) 문고'가 있습니다. 이노우에 선생의 글을 흠모하는 저 같은 사람에게 지필당 문고는 꿈만 같은

103) 井上ひさし. (1934년 11월 16일~2010년 4월 9일) 일본의 소설가.

장소입니다. 지난 2024년 여름, 쌀 부족 현상이 큰 뉴스였는데 쌀 하면 이노우에 선생의 『쌀 이야기』가 떠오릅니다. 쌀을 공부하기 위해 얼마나 많은 책을 읽으셨는지 도서관에는 농사와 관련한 장서가 줄지어 있을 정도입니다. 책마다 연필로 밑줄 쳐가며 읽은 흔적이 있는데 그것을 보니 이노우에 선생의 열정을 느낄 수 있었습니다. 이리하여 고마쓰는 제 마음속 지도에 대문자로 남아 있습니다.

앞서 등산 이야기에서 나왔던 쓰루오카시는 문학에서도 대문자 도시입니다. '쓰루오카 시립 후지사와 슈헤이[104] 기념관'이 있기 때문입니다. 후지사와 슈헤이 작품 속에는 녹봉이 그리 많지 않은 하급 무사가 주인공으로 나오면서 소박한 삶을 사는 경우가 많은데 그러다 언젠가 빛나는 순간이 찾아옵니다. 후지사와 선생을 좋아하는 이유가 여기에 있습니다. 저는 읽으면서 이것이야말로 로컬 히어로물이 아닌가 하는 생각이 들었습니다. 지역의 변화를 이끄는 사람이 반드시 명문가 출신일 필요는 없으니까요.

얼마 전 와카야마산(和歌山)에 갔다가 와카야마산 라멘을 먹으면서 기슈번은 역시 돈이 많은 곳이라는 생각을 했습니다. 반

---

104) 藤沢周平. (1927년 12월 26일~1997년 1월 26일) 일본의 소설가. 야마가타현 쓰루오카 출신으로 본명은 고스케 도메지(小菅留治). 그의 작품을 영화화한 「황혼의 사무라이」가 국내 개봉한 바 있다.

면 우나사카번[후지사와의 소설에 나오는 가공의 번으로 쇼나이번을 모델로 삼았다고 한다.]은 정치나 재정적으로 불안정한 번으로 그려지는데 이는 후지사와 선생이 쇼나이·쓰루오카의 사무라이를 철저히 연구한 결과입니다. 마을을 걷다 보니 어느새 책 속에 등장하는 구시비키(櫛引) 같은 몇몇 쇼나이 지명이 제 안에서 대문자로 저장됐습니다.

후지사와 선생의 『춘추산복기(春秋山伏記)』라는 소설도 좋아합니다. 산중 수행자가 주인공으로 나오는데 서민의 삶을 사는 하급 무사를 그린 시대물과 다른 유형으로 산속 사람들의 삶을 잘 그려내고 있습니다. 민속학자인 미야모토 쓰네이치 선생도 이 소설을 두고 세계에 통할 이야기라고 극찬한 바 있습니다. 저야말로 산속의 삶에 관심이 지대해 실제로 산속 생활을 하는 사카모토 다이자부로(坂本大三郎) 선생을 만나 이야기를 나눈 적이 있습니다. 그때 제가 『춘추산복기』를 좋아한다는 말을 꺼내자 감사하게도 사카모토 선생이 웃음 지으며 공감해줬던 기억이 새롭네요.

가와니시마치에 낚시하러 갔다가 비가 오면 지필당 문고로 가서 하루 내내 이노우에 선생의 책을 읽습니다. 그러면 제게는 무엇과도 바꿀 수 없는 지식의 인풋 시간이 됩니다. 오카야의 '다케이 다케오 동화 뮤지엄'도 그렇지만 이처럼 아는 사람만 찾는, 매력 넘치는 장소가 일본 각지에 많이 있습니다. 그런데도 요즘은 얻을 수 있는 정보가 방대하고 흐르는 속도 또한 빨라 오히려 놓치고 맙니다. 지역을 홍보할 때 이런 점을 염두에 놓고 특히 지역에 관심 있는 젊은 세대에게 인터넷이나 뉴스에 나오는 지역 정보 말고도 지역에는 숨은 매력이 많다고 계속 알려야 합니다.

독자와 함께 하는 「소토코토」의 새로운 실험

「소토코토」의 취재를 다니며 늘 느꼈던 점이 있는데, 일본 각지에는 세대를 넘어 자신의 지역을 알리고 싶은 사람이 많다는 사실입니다. 이에 따라 그동안 생각해온 새로운 형식의 '소토코토 펜클럽'을 시작했습니다.

배경을 말씀드리자면, 제가 한창 잡지에 빠져 살았던 시절의 잡지들은 저마다 독자 투고란을 운용했고 그것이 당시 잡지 만들기의 정석이었습니다. 예컨대 「빗쿠리하우스」나 「원더랜드」같은 서브컬처 잡지는 물론 음악잡지 「록킹온」을 비롯해 낚시 잡지까지 다 그런 형식을 취했습니다. 전문가가 만든 콘텐츠가 전반부에서 중반부까지 이어진 후 후반부로 갈수록 '시민 참여'라고 해야 할지 '아마추어의 매력'이라고 해야 할지 모르겠지만, 독자가 보내준 원고나 정보가 게재됐었지요.

대학 4년 때는 「아웃도어」 잡지 편집부에서 아르바이트를 했었는데, 그때 담당했던 일도 마지막의 독자 선물 페이지와 독자 통신 코너였습니다. "얼마 전 캠핑장에서 곰을 만나 깜짝 놀랐습니다." 같은 사연이 쓰여 있기도 했는데 저와 선배가 편집을 맡았었습니다. 그런 글은 지극히 현실감이 있었는데 요즘처럼 AI 생성으로는 절대 나올 수 없는 문장이었습니다. 취미로 즐기는 사람의 목소리나 지역 사람의 감정이 잘 녹아 있어 즐겁게 읽었던 기억이 있습니다. 그들이 사연의 당사자이거나 자신과 관련한 일이라서 그런 글을 쓸 수 있었겠지만, 가능하면 그런 목소리를 더 담으려 했지요.

돌이켜보면 낚시 정보는 투고에 의존하는 경우가 정말 많았습니다. 아무리 실시간 정보를 싣는다고 해도 취재팀을 꾸려 아오모리(青森)나 나라(奈良)현에 다녀오면 편집하는 사이 물고기는 이미 상류로 가버린다든지 아니면 다른 어딘가로 사라지기 때문입니다. (웃음) 그런 상황이라 일각을 다툴 만한 실시간 정보라면 현지 사람에게 부탁하는 편이 속도감도 있고 훨씬 나았습니다. 실제로 낚시는 정보에 좌우하는 놀이라 되도록 빠르고 시의적절한 정보를 게재해야 하니까요.

예를 들어 각지의 낚시용품점에서 취합한 정보를 바탕으로 만든 「낚시 맵」이라는 책이 있었습니다. 편집자나 전문 작가의 글이 아니라 말하자면 「앵글러즈 펜클럽」처럼 낚시 마니아가 제

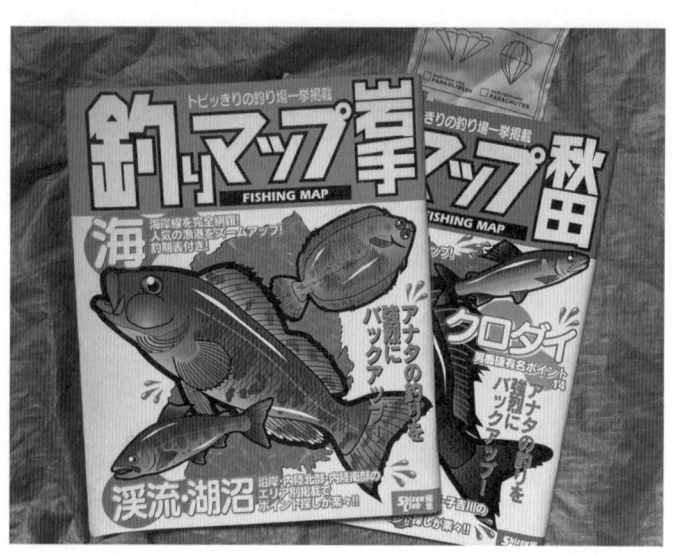

공한 정보를 실었는데 그게 당시 낚시잡지 스타일이었습니다.

「앵글링」이라는 낚시잡지도 봤는데 일본 각지의 새로운 낚시 소식이나 낚시 스타일을 제안하는 매우 훌륭한 잡지였습니다. 중학교 때부터 대학을 지나 이십 대 동안 매호를 놓치지 않고 샀더랬죠. 특히 기고·투고란 분량이 많아 좋았습니다. 당시 저는 보다 멋지고 다이나믹한 기사를 읽고 싶어 했습니다. 가령 최신 낚시도구나 대어 정보 아니면 해외 소식을 비롯한 감동을 주는 낚시 체험담 같은 글이지요. 반면 「앵글러즈 펜클럽」은 전문 작가의 글이 아닌 일반인이 쓴 글이라 자신의 눈앞에서 일어난 일이나 자신이 처해 있는 환경 이야기가 주를 이뤘습니다. 특이한 건 마무리는 반드시 "이 물고기를 만나게 해준 미야기현에 감사합니다." 내지는 "함께 한 아무개군 고마워!" 같은 식으로 자신이 지금 그곳에서 살아가고 있다는 걸 감사하게 여기는 성격의 글이 많았던 점이었습니다.

그때는 제가 지역과 접점 없이 낚시만 하던 터라 "왜 다들 지역이나 친구에게 감사하는 걸까? 좀 더 멋지게 끝내는 편이 좋지 않나?"라고 생각했던 겁니다. 그런 건방진 아르바이트 편집자에서 30년이 지난 지금에야 깨닫고 있습니다. 그게 바로 로컬이라고 말이지요. 모두 그런 감사의 마음으로 즐겁게 놀고, 음악을 들으면서 또 대어를 만나기도 했던 겁니다. 이처럼 일상 속에서 감사하는 마음을 지니고 함께 한다는 게 얼마나 멋진 일인지

「앵글러즈 펜클럽」이 가르쳐줬다고 생각합니다.

「앵글러즈 펜클럽」이 여러 지역의 순간 순간을 감지하며 전하고 싶었던 마음을 이어받아 지금 「소토코토」가 해보려고 합니다. '소토코토 펜클럽'은 글을 얼마나 잘 쓰는지는 중요하게 여기지 않습니다. 단지 여러분의 목소리만으로도 충분합니다. '펜 프렌드' 모집 공고를 내고 3주 만에 약 60명이나 되는 사람이 지원해주서서 「소토코토 온라인」 편집장과 함께 기뻐하고 있습니다.

지역의 이야기를 즐겁게 발신할 수 있는 사람을 늘이는 일은 매우 중요합니다만, 한편으로는 전하고 싶어도 방법이 없어 머뭇거렸던 사람도 꽤 많으리라 생각합니다. 모처럼 열정을 갖고 지역을 알리고 싶은 사람이 있을 테니 그들을 발굴하고 육성하는 일도 누군가 해야 하겠지요.

'소토코토 펜클럽'에서 지역 홍보 경험을 쌓아보세요. 실제로 홍보 문구를 작성해보면 자신감을 얻으실 수 있을 겁니다. 그런 여러분의 활동이 지역 활성화를 이끄는 힘이 되리라 생각합니다. 그런 취지를 담아 「소토코토 온라인」에 메뉴를 만들었으니 많은 투고 바랍니다. 마감은 매월 말일입니다. 벌써 재밌는 원고가 속속 도착하고 있습니다.

보통은 편집장이 제일 마지막으로 원고를 확인하지만, '소토코토 펜클럽'은 반대입니다. 제가 먼저 읽고 흥미로운 기사를 선별하면 「소토코토 온라인」 편집장이 최종 마무리하는 방식입니다. 그렇다고 제가 「소토코토」처럼 세세하게 검토하겠다는 말은 아니니 오해는 말아 주세요. 오히려 표현이 서툰 원고가 많이 보이더라도 양해 바랍니다. (웃음)

그래야 '소토코토 펜클럽'의 재미가 생겨나고 날것의 느낌을 살리는 '실험'이 될 수 있을 겁니다. 앞으로 각 지역의 '독자 통신' 같은 꼭지로 확장하면 더욱 좋겠지요. 계속 미디어에 몸담아 온 사람으로서 이러한 지역 홍보 방식에 기대를 걸고 있습니다. 목표는 300명. 도도부현별로 6명 정도의 필자가 참여해주시면 더할 나위가 없을 것입니다. 기쁜 마음으로 여러분의 참여를 기다리겠습니다.

편집장의 글쓰기 십계명

관계인구 관련한 논의가 활발해지면서 지역에서 강연할 기회가 많아졌습니다. 다니다 보면 어떻게 하면 지역의 매력을 알릴 수 있을지를 궁금해하고 있는 것 같습니다. 다들 「소토코토」 같은 방식으로 이야기를 전하고 싶다고 하는데 편집자로서 한없이 기쁜 일이지요. 이참에 그동안 중학생부터 대학생까지 젊은 친구들에게 해왔던 이야기, 이른바 '지역 PR 방법론'을 이야기해 볼까 합니다.

저는 편집자이므로 역시 언어로 전달하는 게 좋을 것 같습니다. 그럴 때 제가 참고로 삼는 문구가 있습니다. 이노우에 히사시 선생이 '고마쓰좌'[105]를 맡아 운영할 때 어느 인터뷰에서 남겼던 말인데 다음과 같습니다.

"어려운 건 쉽게, 쉬운 건 깊이 있게, 깊이 있는 건 재미있게, 재미있는 건 진지하게, 진지한 건 유쾌하게 그리고 유쾌한 건 더욱 유쾌하게"

매우 유명한 말이지요. 저 말고도 좌우명으로 삼는 사람이 여럿 있으리라 생각합니다. 「소토코토」는 현재 로컬의 모습을 비롯해 사회나 복지 분야 및 환경문제 전달을 기본으로 삼는 매체입니다. 그렇다 보니 자칫 너무 진지하거나 딱딱한 느낌을 줄 수 있어 어떻게 하면 부드럽게 전달할 수 있을지 늘 고민하고 있습니다. 지역을 알릴 때도 이와 비슷한 상황을 마주합니다. 예를 들어 육아하기 좋은 도시를 표방하는데도 정작 산부인과 병원이 없다면 어떻게 알려야 좋을까요? 아니면 고령자가 많아 젊은 세대가 이주해오지 않는 문제는 또 어떻게 다루는 게 좋을까요?

---

105) こまつ座. 히노우에 히사시의 작품만을 무대에 올리는 극단.

사실 언제나 지역의 자랑거리만 알릴 수는 없습니다. 이처럼 지역에는 절실한 문제가 많은데 오히려 그런 고민은 더욱 알리는 게 좋을 수도 있습니다. 앞에서 이어지는 이오누에 선생의 말을 더 들어보겠습니다.

"진지한 건 느슨하게, 느슨한 건 올곧게, 올곧은 건 조심스럽게, 조심스러운 건 설레게, 설레는 건 자연스럽게, 자연스러운 건 분명하게"

여기서 '조심스러운 건 설레게'는 제가 로컬 프로젝트를 만들 때 소중하게 여기는 감각이기도 합니다.

「소토코토」에서 구마모토(熊本)현 미나마타(水俣)시를 특집으로 소개한 적이 있습니다. 미나마타의 아름다운 풍경과 바다가 주는 풍요로움 속에 맛있는 홍차나 양파를 재배하는 농가 등 미나마타의 미래를 위해 노력하는 사람들이 살아가는 모습을 담아내고자 했습니다. 미나마타가 이어온 역사가 있지만, 지금은 이런 사람들이 살고 있다고 말해주고 싶었습니다. 어려운 문제를 쉽게 전달하기 위해 마련한 특집이었지요. 세상의 피할 수 없는 여러 과제를 어떻게 극복해야 할지를 전달할 때 저는 언제나 이노우에 선생이 말한 "어려운 건 쉽게"를 늘 염두에 놓습니다. 기획할 때나 취재 또는 글을 쓸 때도 마찬가지고요.

지역을 홍보하려면 지역을 잘 알아야 합니다. 매우 중요하지요. 현지인 사이에서 흔히 있는 일인데 의외로 자신의 지역을 돌아보지 않거나 모르는 경우가 많습니다. 낚시 세계에서는 이러한 현상을 '사오누케'[106]라고 부릅니다. 예를 들어 낚시하러 가면 현지 베테랑 낚시꾼들에게 "거기는 잡을 대로 다잡은 곳이라 이제 물고기가 없어."라는 말을 듣기도 하는데, 알고 보면 실제로 그곳에서 아무도 낚싯줄을 드리운 적이 없는 일이 흔합니다. 바로 그런 장소가 '사오누케'입니다. 쉽게 말해 낚싯대(竿)가 들어간 적이 없는(抜け) 곳이지요. 지역에도 이런 '사오누케'가 있다고 생각합니다. 그리고 사오누케는 관계인구나 지역을 바라보는 고정관념이 없는 사람이 더 쉽게 발견할 수 있다는 게 저의 '지역 사오누케 이론'입니다.

'지역 사오누케 이론'을 구상하는 데 도움이 된 건 미야모토 쓰네이치 선생의 아버지가 이야기한 '열 가지 조언'입니다. 미야모토가 15세 시절 오사카의 우체국에서 일하게 돼 야마구치(山口)현 스오오시마(周防大島)를 떠날 때 아버지가 해준 말이라고 합니다. 첫 번째 조언은 다음과 같습니다.

---

106) 竿抜け. 쉽게 말해 현지인에게는 등잔 밑이 어두운 경우로, 낚시꾼들 사이에서 잘 알려지지 않은 낚시 포인트를 의미할 때 주로 사용하는 표현이다.

"기차를 타면 창밖을 잘 보거라. 논밭에 무엇이 심어 있는지, 작물이 잘 자랐는지, 마을의 집이 큰지 작은지, 기와지붕인지 초가지붕인지 그런 걸 잘 살펴보아야 한단다."라고 돼 있습니다(그 밖의 것에도 관심이 있다면 구글 검색을 이용해보시기 바랍니다).

다음 두 번째 조언은 "처음 방문한 곳에서는 반드시 높은 곳에 올라가 보거라."입니다.

저 역시 취재를 위해 지방을 방문하면 높은 곳에 올라 지역 전체를 둘러보려고 합니다. 도시가 어떻게 만들어졌고, 어떻게 움직이는지(이동) 볼 수 있기 때문입니다. 스벤 헤딘의 『방황하는 호수』라는 책에는 중앙아시아 타클라마칸 사막에 있던 로프노르 호수가 사막에서 이동한다는 이야기가 나오는데, 이와 마찬가지로 도시도 계속해서 교외로 이동합니다. 높은 곳에서 보면 도시가 더 살기 좋은 형태를 찾아 이동한 흔적이 마치 달팽이가 남긴 투명하고 반짝이는 발자취처럼 보이고는 합니다. 차가 많이 다니면서 반짝이는 곳은 사람이 모여 있다는 방증이라 높은 곳에서 마을을 보는 일은 지역을 이해하는 데 여전히 유효합니다. 네 번째 조언도 볼까요.

"시간 여유가 있거든 가능한 한 걸어보거라. 여러 가지를 알 수 있단다."

정말 맞는 말입니다. 저도 처음 방문한 지역이라면 시간이 날 때마다 걸어 봅니다. 가능하면 직선이 아니라 지그재그로 걷습니다. 그래야 같은 시간 안에 예전 거리와 새로운 거리 그리고 관공서 앞 등의 분위기를 입체적으로 느낄 수 있습니다. 같은 길만 따라 걸으면 같은 태도로만 지역을 바라보게 됩니다. 앞으로 여러분은 지그재그로 걸어보시기 바랍니다.

마지막 열 번째 조언으로 "사람들이 놓친 것을 보도록 하거라. 그 속에 중요한 것이 담겨 있단다."라고 끝맺는데 이것이 바로 '사오누케'입니다. 그러니까 지역과 관계 맺기를 하려는 사람이나 지역을 알리고 싶은 사람이라면 '사람들이 놓친 것'을 찾아보시기 바랍니다.

부끄럽지만 저도 '편집 포인트 10가지 질문'을 만들어 자신에게 질문을 던지고 있습니다. 기사 작성이나 교열은 물론 특집을 구성해 함께 하거나 누군가에게 일을 맡길 때 스스로 납득할 수 있는 기사인지 점검해 보는 10단계 체크 포인트로 다음과 같습니다.

1. 무슨 내용인지 알기 쉬운가?

2. 문맥 구성이 잘 돼 있는가?

3. 전달하고 싶은 내용이 잘 담겨 있는가?

4. 개인적 감정이 들어가 있는가?

5. 독자의 마음을 생각하고 썼는가?

6. 글에만 의존하고 있지 않은가?

7. 자신이 좋아하는 문구나 사진을 사용했는가?

8. 지역을 향한 애정이 느껴지는가?

9. 미래를 얘기하고 있는가?

10. 재미있는가?

'지역을 알리는 법' 관련 특집이 나가면 글쓰기를 좋아하는 독자로부터 자신도 홍보를 해보고 싶다거나 직접 글을 써보고 싶다는 반응을 많이 접하게 됩니다. 그런데 여섯 번째 항목 "글에만 의존하고 있지 않은가?"라는 말이 다소 추상적으로 들린다는 의견이 있더군요.

이참에 설명하자면, 제가 경험한 바로는 자신이 이해하지 못한 것을 쓰려고 할수록 설명이 과해지기 쉽습니다. 가령 '발효' 관련한 글을 쓴다고 했을 때 발효가 뭔지 잘 모르는 사람은 마치 위키피디아처럼 "발효란 이런 것이다."라는 식이 되기 십상입니다. 그런 글로 홍보가 될까요? 오히려 자신이 발효를 잘 모르고 있다는 사실을 변명하는 것처럼 느껴질 뿐입니다. 누군가에게 지적받지 않으려고 잘못된 지역 정보가 들어가지 않도록 조심하면서 쓴 듯한 글은 타인을 위해 쓴 글이라기보다는 자신을 방어하기 위해 썼다는 인상을 주기 쉽습니다. 그러니까 "사시데씨. 그건 틀렸어요."라고 지적을 받더라도 결과적으로 지역의 매력이 전달됐다면 사소한 실수는 중요하지 않습니다. 지역에 자신이 있다면 힘을 다해 "일단 와보세요."라고만 써도 충분합니다. 그렇게 말할 수 있는 근거가 있으니까요.

다시 말해 "그 정도로는 알아봐 주지 않을 텐데" 하면서 자신도 지역의 매력을 온전히 믿지 못하는 식으로 글을 쓰면 변명의 PR이 되고 말 겁니다. 마치 포스터를 만들 때 "이 사람도 넣고 저 사람도 챙기고 이런 내용도 넣어야 문제가 없겠지?" 하는 상황이라고 할까요. 이처럼 지역 홍보를 만찬 도시락처럼 하다 보면 결국 사람들 마음에 가닿지 않는 특징 없는 홍보에 그치고 맙니다. 따라서 지역과 그곳에서 활약하는 사람의 매력을 전하려면 제가 말한 열 가지 조언을 되새기며 각오를 다져야 합니다. 자신만의 기준을 확실히 가지고 자신감 있는 자세로 전달해야겠지요.

"글에만 의존하고 있지 않은가?"라는 질문은 사안을 제대로 이해하지 못하면 글이 쓸데없이 화려해지거나 과장될 수 있어 그런 글이 되지 않도록 공부하면서 이해를 쌓아가자고 저 스스로 다짐하는 글이기도 합니다.

지역 PR 사진 촬영법

지역 PR에 필요한 사진 촬영법에 관해서도 이야기해보면 좋을 것 같습니다. 아무래도 저는 잡지를 만드는 사람이다 보니 평평한 지면에 무언가를 어떻게 담아야 재미있게 전달할 수 있을지 혹은 어떻게 해야 평면만으로 상상을 불러일으켜 독자를 설레게 만들 수 있을지를 궁리하며 전달 능력을 길러왔습니다. 제가 영상 프로듀서로 참가한 '라이크 어 버드 오키타마'[107] 프로젝트가 호평을 받고 애니메이션 감수 역할까지 하게 된 걸 보면 모든 콘텐츠에 적용할 수 있는 능력이 아닐까 싶습니다.

혹시 '~류'라는 말 들어보셨는지요. 예컨대 후지사와 슈헤이의 시대소설에 등장하는 사무라이가 쓰는 검법을 '무슨 무슨 류'라고 부르지 않습니까. 그런 것처럼 여러 가지 '~류'가 있을 텐데 이제부터 '사시데류'라고 생각하고 들어주시면 좋겠습니다. 아, '사시데 평면류'가 되겠군요. (웃음) 저는 항상 업무에 활용하는 걸 염두에 놓고 사진을 찍습니다. 여기서 업무란 지역 홍보를 말하는데 요즘 저는 주로 스마트폰으로 촬영하고 있습니다. 크게 나눠 두 가지 방법을 사용합니다.

---

107) 야마가타현 관광국 지원으로 소토코토가 기획 제작한 야마가타현 오키타마 홍보 영상 프로젝트.

하나는 풍경을 찍든 인물을 찍든 사진에 글을 담을 수 있는지를 생각합니다. 즉 피사체가 사진 중앙에 오도록 찍는 방식이 아니라 사진 공간의 위 또는 아래 2분의 1 위치에는 새가 날아다닌다든가 가족이 모여 있는 장면 같은 게 나오지 않도록, 예컨대 하늘만 나오게 하는 식으로 찍어 여백을 확보합니다. 그 공간에 텍스트를 넣기 위해서입니다.

사진과 글을 결합하면 훨씬 강력한 홍보 방법이 됩니다. 에디토리얼 포토그래퍼는 반드시 이런 식으로 촬영합니다. 미묘한 레이아웃 변화에도 대응할 수 있도록 피사체를 1센티미터씩 옮겨가며 여러 장을 찍기도 합니다. 제 경우에는 일과 사생활이 뒤섞인 생활을 30년 가까이 해오다 보니 물고기 사진이든 가족사진이든 아니면 풍경을 비롯해 무엇을 찍든 타이틀이나 리드문 또는 캡션을 넣기 쉽도록 여백을 확보해 촬영하는 습관이 몸에 익었습니다.

또 하나는 피사체를 중앙에 놓고 찍지 않습니다. 종이 매체에서는 '노드'라고 부르는 부위가 있는데 양쪽 페이지가 만나 접히는 가운데 부분을 말합니다. 잡지의 중간 페이지로 갈수록 노드가 깊숙이 위치하게 돼 중심인물을 중앙에 두고 찍으면 사람이 안으로 빨려 들어가 얼굴이 보이지 않게 됩니다. 따라서 사진을 찍을 때 편집자들은 노드 공간을 비워두는 걸 항상 의식합니다.

어떻게 보면 이것은 잡지 세계에서만 해당하는 방법이라고 생각할 수 있지만, 단순한 기념사진이 아니라 홍보 활용 차원에서 본다면 눈앞의 광경을 손실 없이 담아내기 위한 촬영법이라 신경 쓰고 있습니다.

사진 실력을 키우는 좋은 방법의 하나로 다양한 사진을 많이 보는 일을 들 수 있습니다. 모리야마 다이도(森山大道)의 사진이 좋다거나 우에다 쇼지(植田正治)를 비롯해 로버트 메이플소프, 니나가와 미카(蜷川実花) 등 좋다고 느꼈던 작가가 있다면 그와 비슷한 패턴의 작가를 찾아 포트폴리오를 확인해 보는 것도 좋겠지요. 머릿속에 사진 데이터가 늘어날 겁니다.

저도 좋아하는 작가가 많은데 지역 풍경을 매우 멋지게 찍는 아사다 마사시(浅田政志)를 들 수 있겠네요. 또 요시노 신(吉野信) 선생은 제게 '사진이란 바로 이런 것'이라고 깨달음을 준 작가입니다. 지금은 돌아가셨지만 90년대에 동물 사진작가로 명성을 떨쳤습니다. 카우보이 모자를 쓰고 달리처럼 콧수염을 기른 아주 멋진 분이었지요. 호시노 미치오(星野道夫) 선생의 동물 사진도 좋아합니다만, 호시노 선생보다 조금 앞선 세대인 요시노 선생의 원거리 촬영 기법이 인상에 남아 있습니다. 쉽게 말해 피사체를 멀리서 당겨 찍은 사진입니다.

예를 들어 미국 버팔로 사진 중에서 자연 속에서 버팔로가 서성이는 모습을 원거리로 찍은 사진이 많아 왜 그런지 의아했었는데 "동물이 살아가는 환경까지 전달하고 싶어서"라고 전해 들었습니다. 과연! 클로즈업 사진이라면 동물원에서도 대단한 표정을 찍을 수 있겠지만 우리가 알아야 할 건 야생동물이 살아가는 세계이니까요. 요시노 선생이 환경의 풍요로움이 야생동물을 살아가게 한다는 사실을 사진으로 표현하고자 했다면 그야말로 생태적이자 지구 중심적 촬영법이 아닌가 하고 크게 감동했던 기억이 있습니다.

그때부터 원거리 사진을 좋아하게 됐습니다. 아프리카나 아이슬란드에서 원거리로 찍은 사진을 좌우 양면에 걸쳐 크게 신는 등 적극적으로 원거리 사진을 선택하다 보니 아트 디렉터에게 "사시데, 원거리 촬영 너무 좋아하는 거 아냐?"라는 소리를 듣기도 했습니다. 하지만 지역을 보거나 생각할 때는 '원거리의 가치관'을 살린 사진이 중요할지도 모릅니다.

맛있는 디저트를 찍을 때도 원거리 촬영을 하면 디저트를 만든 환경이나 지역 경제까지 함께 전달할 수 있습니다. 또 오카야마의 멋진 청바지를 찍을 때도, 원거리로 찍어야 데님을 짜는 오래된 기계가 늘어선 공장의 분위기를 담아낼 수 있겠지요. 물론 SNS 사진처럼 클로즈업이 보여주는 매력도 있습니다. 하지만 상품을 만드는 과정이나 스토리를 알 수 있는 산이나 밭 또는 수계 같은 환경까지 이해한 후 멀리서 바라보는 편이 생동감 넘치는 재미를 더하지 않을까 싶습니다. 그래야 지역의 매력도 더 잘 전달되리라 생각합니다. 여러분, 지금부터는 멀리서 찍는 거 잊지 마세요.

140자로 시작하는 글쓰기

　지역을 알릴 때 글쓰기가 어렵다며 망설이는 분들이 많습니다. 그래서 이번에는 글쓰기 비법을 알려드리고자 합니다. 다음 문장은 「소토코토」 2014년 12월호 '발효를 둘러싼 모험'이라는 특집을 꾸밀 때 제가 쓴 리드문입니다.

　"된장이나 간장을 비롯해 니혼슈, 와인, 맥주, 빵 그리고 장아찌, 가쓰오부시, 피클, 낫토, 치즈 등 우리가 즐겨 먹는 음식 중에는 미생물의 힘으로 만들어진 발효식품이 많다. 아, 김치와 막걸리도 마찬가지. 정말이지 참을 수 없는 맛. 옛날부터 이어진 보존식품이라고 말하지만, 사실 요즘 발효식품을 중심으로 주변이 보글보글 끓어오르며 활기가 넘친다. 크리에이터 생산자가 모여 발효를 주제로 사람과 사람을 잇는 행사가 전국 각지에서 성황이다. 여러분도 부디 발효의 세계로 뛰어들어보시길!"

　글에 너무 의존하고 있습니다. "된장, 간장, 니혼슈, 와인, 맥주, 빵, 장아찌, 가쓰오부시, 피클, 낫토, 치즈"라니 너무 길지요. 일부러 나열한 면도 있지만 그래도 설명조로 느껴집니다. 리드문 뒤에 이어지는 특집 기사에는 발효 디자이너 오구라 히라쿠 씨나 코코팜 와이너리 등 훌륭한 사례가 담겨 있습니다. 발효의 가치를 진지하지만 경쾌하게 다루고 있지요. 그에 비해 저의 리드문은 부끄러운 글이었다고 생각합니다. 발효 문화를 제대로 알지 못하고 쓴 게 드러나는 글이지요. 모든 걸 아는 만능 인간은 있을 수 없는데도 모든 걸 다 아는 듯이 쓴 글이라 반성했던 기억이 있습니다.

그런 측면에서 볼 때 글을 잘 쓰고 싶다면 리드문 쓰기를 해보시기 바랍니다. 날마다 있었던 일을 140자로 정리하는 연습을 계속하면 글이 좋아질 겁니다. 하루라는 시간 안에는 생각보다 많은 일이 일어납니다. 아침에 일어나 밤이 돼 잠자리에 들기까지 있었던 일을 정리하려면 '편집 능력'이 중요합니다. 즉 문장으로 하루의 일을 제대로 전달하려면 편집 감각이 필요합니다. 1초마다 일어나는 일을 모두 쓸 수도 없을뿐더러 어떤 일을 빼야 할지도 잘 모르고 심지어 자는 동안 꿈속에서도 여러 일이 일어나고 있으니 하루를 정리한다는 건 쉽지 않은 일이니까요. 하지만 쓰다 보면 편집 노하우가 생깁니다. 조합하거나 버리는 여러 가지 편집 요령이 있지만, 무엇보다 140자로 하루를 정리해보라고 일반인 대상의 강연 자리나 학생들과 함께 하는 강의 시간에 강조하고 있습니다. 아마 이토 세이코[108] 선생도 이와 비슷한 말을 했던 걸로 알고 있습니다.

그런데 왜 140자일까요. 편집 디자이너가 레이아웃을 짤 때 리드문의 글자 수를 대략 140자에서 160자 정도로 설정하기 때문입니다. 기쿠치 간[109] 선생이 시작했는지는 모르겠지만 일본의 오랜 편집 역사 속에서 쌓여 온 공통 감각이라고 생각합니다. 140자 정도면 읽기 편하고 "오호! 빵 특집이구나. 본문도 읽어 볼까?" 하는 마음이 들기 쉽지요. 한편으로는 선배들이 그들의 선배로부터 바통을 이어받듯이 "리드문은 140자에서 160자가 적당해. 사시데 군." 하면서 가르쳐준 거라는 생각이 들기도 하지만.

재밌는 건 '140자에서 160자'라는 글자 수가 'X'와 닮은 점입니다. X도 보통 한 번에 140자 정도로 게시물을 올리니까요. 일상 속에서 누군가에게 지금 나의 기분을 알리고 싶을 때 딱 적당한 분량입니다. 그렇다 보니 강의 자리에서 "일본 편집자들은 이미 X적 사고와 감각을 갖고 있었을지도 모릅니다."라는 이야기를 종종 합니다. 그러면 열심히 강의를 들은 수강생들은 소소한 일기 같은 글을 140자로 써보기 시작합니다.

---

108) いとうせいこう. 한자 이름 대신 히라가나로 표기한다. 일본의 소설가이자 배우.

109) 菊池寬. (1888년 12월 26일~1948년 3월 6일) 일본의 소설가이자 극작가. 「분게이슌주(文藝春秋)」를 창간했으며 '아쿠타가와상'과 '나오키상'을 제정했다.

그런 식으로 횟수를 거듭하다 보면 장문과 단문의 연결법이나 체언으로 문장을 끝내는 방식을 익히게 되고 또 히라가나와 한자의 적당한 균형점을 찾게 됩니다. 저는 이노우에 선생의 글을 읽으면서 히라가나 6, 한자 4 정도가 황금비율인 것을 깨달았습니다. 여러분도 알다시피 히라가나를 섞어 쓰면 문장이 부드러워지지요.

다음은 '오부세(小布施) 청년회'에서 마련한 워크숍 자리에 강사로 참여해 저의 하루를 140자로 정리한 글입니다. 전날 마침 와카야마현의 청년들과 토크 세션을 마치고 온 터라 그 이야기를 지역 홍보 관점에서 써봤습니다.

"이른 아침부터 와카야마현 다나베시(県田辺)로 향한다. 그곳에는 '와카야마 저니'라는 새로운 움직임을 만들어내고 있는 청년들이 있다. 기난(紀南), 기추(紀中), 기호쿠(紀北)에서 모인 지역을 생각하는 사람들. 기타야마무라(北山村)의 자바라 주스를 마시며 일곱 개의 로컬 프로젝트를 탄생시켰다. 옛 체육관 건물에 큰 웃음소리가 울려 퍼진다. 왠지 모르게 상쾌한 기분."

일단은 일기 형식이지만 단순히 저 자신만을 위해 쓴 글이 아니라 이 글을 읽은 사람이 바통을 이어받아 주길 바라는 마음으로 썼습니다. 바꿔 말해 문장 안에 '검색을 유도하는 단어'를 의도적으로 넣었다는 이야기입니다. 그러니까 "와카야마현 다나베시가 어디에 있는 곳이지?" "와카야마 저니는 무슨 프로젝트?" "아, 그 지역을 기난, 기추, 기호쿠라고 부르는구나" "기타야마무라는 또 어디지?" "자바라 주스가 뭔데?" "7개 프로젝트라니 궁금하네" "옛 체육관? 역시 인구 감소 지역이군" 같은 반응이라 할 수 있지요.

독자들이 더 깊이 파고들면 분명 지역의 매력을 느끼리라 믿으며 단어를 선택했습니다. 나아가 하나의 완결된 글이면서도 다음으로 이어지는 글이 되기를 바라는 마음을 담아 썼습니다. 누군가 궁금해서 찾아보기 시작한다면 단 140자의 정보가 2만 자 정보로 늘어날 수도 있으니까요. 항상 그런 점을 염두에 놓고 글을 쓰고 있습니다. 물론 굳이 검색하지 않더라도 내용과 분위기 정도는 알 수 있도록 쓰지만, 와카야마나 로컬에 관심이 있는 분들이 더 탐색해 준다면 더없이 기쁠 겁니다. 그런 측면에서 볼 때 제가 여행하는 방식과 통하는 구석이 있다고 생각합니다.

저는 여행에 나설 때 예습을 거의 하지 않습니다. 특히 처음 가는 지역이라면 사전 조사를 더욱 최소화합니다. 대신 돌아온 후 "그때 가게 이름이 뭐였더라?" "할머니 식당은 평점이 어떨까?"처럼 되돌아보는 복습형 여행을 선호합니다. 그래야 방문 지역과의 관계가 끊기지 않으니까요.

더구나 예습은 정답 맞히기 여행으로 이어지기 십상입니다.

"계획대로 진행돼 즐거웠다.""모든 목적을 달성했다." 이런 식이면 그 지역의 관심은 거기서 끝나버릴지도 모릅니다. 답 맞히기는 최소한으로 하고 되도록 모르는 상태로 가야 "다음에는 꼭!" 하는 마음으로 관계를 지속할 수 있다고 생각합니다.

좀 특이한 이름의 술집이 있어 가봤는데 쉬는 날이라 못 들어간 경험 다들 있지 않습니까? 돌아와 검색해봤더니 정말 유쾌한 사장님이 따뜻하게 맞아준다는 후기까지 올라와 있다면 다음에는 꼭 가보고 싶을 겁니다. 마찬가지로 사람을 맞이하는 지역에서 볼 때도 복습형 여행자의 방문이 더 좋지 않을까 싶습니다.

지역 PR은 관계를 이어가는 일

PR는 '퍼블릭 릴레이션'의 약자입니다. 단순히 일방적으로 홍보하는 '프로모션'과 달리 PR은 발신자와 수용자 사이에 좋은 관계를 형성하는 일이라고 할 수 있습니다. 지속가능한 관계성에 방점을 두는데, 예컨대 "저는 할아버지 대부터 줄곧 ○○ 맥주만 마셔요."라고 말한다면, 기업과 개인 사이에 그런 관계가 잘 구축돼 있다는 의미일 겁니다. 그걸 지역에 적용했을 때 "아버지가 정말 스와대사를 좋아해서 어릴 때부터 자주 따라 다

넀어요. '온바시라'[110] 마쓰리도 구경했고 '오미와타리'[111]도 본 적이 있지요. 그래서인지 지금도 스와가 좋답니다."라고 말하는 사람이 있고 또 지역에서도 따뜻하게 맞아준다면 퍼블릭 릴레이션으로는 성공적이라 할 수 있습니다. 이처럼 PR이란 단순히 뭔가를 팔거나 방문해주기를 바라는 장소를 일방적으로 알리는 작업이 아니라는 점을 상기할 필요가 있습니다.

'공적 관계'라는 뜻을 지닌 PR은 신뢰 관계를 어떻게 만들어 가느냐가 중요합니다. 흔히 PR이라고 하면 정보가 제대로 전달 됐는지, 지역 방문 인구가 몇 명이나 되는지만을 따지기 쉽습니다. 하지만 그보다 "또 와주셔서 감사합니다." 같은 감사 표시가 이어진다면 매우 잘한 PR이라고 할 수 있습니다. 미야기현 게 센누마(気仙沼)시와 가라쿠와(唐桑) 반도를 중심으로 마을 만들기를 비롯해 홍보 활동을 펼치는 '펜.턴'[112]을 좋은 사례로 들 수 있습니다. 그들은 게센누마의 멋진 어부들과 함께 도쿄에서 가라쿠와 반도와 게센누마를 소개하면서 맛있는 청새치 하모니카(청새치 등지느러미에 있는 희소 부위)를 맛보게 하는 등 지역의 매력과 그곳에도 멋진 사람이 많다는 걸 알렸습니다. 동일본대지

110) 御柱祭. 나가노현 스와 지방에서 열리는 축제.

111) 御神渡り. 겨울에 얼었던 스와호수가 갈라지는 자연의 신비한 현상.

112) Pen.turn. 'Peninsula turn'의 약칭으로 가라쿠와 반도 지역으로 이주한 여성이 모여 게스트하우스를 운영하거나 지역 활성화 사업을 펼치고 있다.

진 복구 과정에서 게센누마 지역 사람들과 그곳을 찾은 도쿄 사람들이 끊임없이 관계를 이어가도록 한 PR의 모범 사례라 저도 많이 배운 바 있습니다.

2024년 8월에 총무성 '과소지역 지속발전 우수사례' 선정 심사를 위해 가고시마현의 아마미오시마(奄美大島)에 다녀왔습니다. 이곳도 독특한 퍼블릭 릴레이션을 실천하는 지역이지요. 아마미오시마에는 아마미공항에서 20~30분 정도 떨어진 다쓰고(龍郷)라는 마을이 있습니다. 예전 「아웃도어」 편집자로 일할 때 직원 연수차 찾았던 적이 있는 곳이기도 한데, 그때 '월드 마린 아마미'라는 낚시 가이드 회사의 도움을 받았습니다. 낚시 기술을 향상하는 레슨 시간도 마련해 커다란 만새기나 참치방어를 낚을 수 있었습니다. 바다가 없는 군마현 출신의 저로서는 눈부시게 파란 아마미 바다가 매우 좋은 추억으로 남아 있습니다.

사실 다쓰고는 낚시가 아니라 민속학적 관심으로 가보고 싶었던 곳입니다. 아키나(秋名)라는 마을에서 열리는 '아라세쓰 행사'는 국가 중요무형민속문화재로 등재된 마쓰리입니다. '쇼초가마'라는 논 축제와 '히라세만카이'라는 바다 축제를 아침저녁으로 번갈아 여는데 매우 아름답습니다.

아키나 마을은 아마미에서 유일하게 넓은 논이 있는 지역이라 '다부쿠로(田袋)'라고 부릅니다. 이곳에 마을 주민 모두가 모여 한 해의 수확을 축하하는 쇼초가마를 진행합니다. 작은 언덕

으로 올라가면 나무와 짚을 엮어 만든 커다란 외지붕이 있는데 거기에 수십 명의 주민이 올라가 갓 태어난 아이의 건강과 풍작을 기원합니다. 마지막으로 해 뜨기 직전에 올라섰던 외지붕을 한 번에 무너뜨립니다. 참고로 쇼초가마라는 말에는 '장난'이나 '놀이'라는 의미도 있다고 하네요. 저녁에는 만조에 맞춰 히라세만카이를 엽니다. 풍요를 기원하며 바다 저편의 신에게 기도를 드립니다. 바위 위에 올라 북을 치며 노래를 주고받다 마지막으로 신에게 기도를 바치고 해변으로 내려와 팔월춤(八月踊り)을 춥니다.

아키나 마을은 다쓰고의 아라바(荒波) 지구(地区)라 불리는 지역에 있는데, 그곳에는 다쓰고의 인구 감소와 저출생 및 고령화 문제에 대응하기 위한 '이모레 아키나(E'more 秋名)'라는 단체가 있습니다. 대표는 무라카미 유키(村上裕希)라는 청년인데 가나가와현 요코하마에서 이주해 왔다고 합니다. 지역부흥협력대로 왔다가 가족과 함께 정착한 후 아키나를 비롯해 다쓰고 지역의 관계인구 확산을 위해 지역의 매력을 알리는 활동을 벌이고 있습니다. 직접 만난 적은 없지만, 함께 아는 지인이 많아 전부터 만나고 싶었던 사람이기도 합니다.

한편, 아키나 출신의 유턴 청년 모리요시 기미에(森吉喜美恵) 씨가 무라카미 씨와 함께 아라바 지역 활성화에 힘을 기울이고 있습니다. 오랜 역사와 멋진 전통행사를 간직한 지역이라 50년

후에도 아이들이 살고 싶어 하는 마을이 되길 바라는 마음으로 '이모레 아키나'에 합류했다고 합니다.

이들의 활동 중심은 아라바 지구에서 이름을 딴 '아라바 식당'입니다. 식사는 물론 숙박까지 가능한 새로운 공간에 식당을 열어 모리요시 씨와 무라카미 씨 그리고 동네 어머님들이 돌아가며 요리를 맡고 있습니다. 제공하는 요리는 정해진 메뉴 없이 현지인이 집에서 먹는 향토 음식을 '오늘의 정식'으로 내놓습니다. 정말이지 엄청나게 맛있습니다. 계절에 따라 반찬이 바뀌는데 제가 갔을 때는 동과(冬瓜)를 사용한 요리였습니다. 음식 맛도 좋았지만 무엇보다 공간이 주는 편안함에 감탄했습니다. 더구나 놀랍게도 아라바 식당은 관광객만을 상대로 만든 공간이 아니어서 현지 주민이 많이 찾고 있었습니다. 처음에는 아마미를 잘 모르는 관광객에게 아마미 전통음식을 소개하고 싶은 마음도 있었다고 합니다. 그런데 막상 가게를 열고 나니 현지 주민들에게는 "어릴 적 먹었던 맛"이라든지 "할머니가 자주 해주시던 요리"처럼 지역에서 전해져 온 음식이라 "바로 이 맛이 그리웠다."며 오히려 지역 주민이 자주 찾았다고 합니다.

이러한 반응에 힘입어 현지 사람들이 안심하고 먹을 수 있는 요리나 서비스를 지역 어머님들과 함께 만들어가고 있습니다. 이처럼 지역 어머님들은 자식뻘인 모리요시 씨를 비롯해 현장학습으로 찾아오는 손자뻘 학생이나 인턴십으로 오는 청년이

이곳에서 북적거리며 지내는 모습에 매우 즐거워하며 삶의 보람을 느끼고 있습니다. 제가 봐도 그런 분위기를 역력히 느낄 수 있는 좋은 곳입니다.

PR이라고 하면 외부로 알리는 일만 떠올리기 쉽지만, 사실 지역 PR의 근간에는 미래에도 자신의 지역이 제대로 남아 이런 활동이 계속 이어지길 바라는 마음이 있을 겁니다. 그런 측면에서 '아라바 식당'은 좋은 퍼블릭 릴레이션이 이뤄지는 장소라고 하겠습니다. 실제로 관계인구를 늘리는 일이기도 합니다. 이곳의 숙박 시설에서 머물다 간 사람이라면 무라카미 씨나 요시모리 씨 그리고 친절한 지역 어머님들의 매력에 금세 빠지게 됩니다. 아마미에는 저가 항공사가 취항하고 있으니 그들은 단골이 돼 다시 찾지 않을까 싶네요.

다쓰고의 경우 아마미공항과 연결되는 58번 국도에 면한 지역은 활기를 띠지만, 아키나를 비롯한 옛 거리가 남아 있는 지역은 디즈니 영화 「카」처럼 요지에 접하지 않아 지나는 사람도 차도 그리 많지 않습니다. 그렇게 58번 국도에서 떨어진 한산한 곳에 '아라바 식당'이 생기자 그곳을 찾는 사람이 늘어나고 있습니다. 앞서 언급했던 베이스 캠프처럼 '아라바 식당'을 거점으로 이틀 동안 머물면서 사람들을 만나거나 회의를 하고, 식사도 해결하면서 다쓰고와 아마미의 매력을 느낄 수 있는 다른 장소를 찾아 발걸음을 옮기곤 했습니다.

제가 아마미에 매료된 또 다른 이유가 있습니다. 바로 오시마 쓰무기[113]에 들어가는 문양입니다. '다쓰고 문양'과 '아키나 문양' 이렇게 두 가지가 있는데 다쓰고 문양은 하브[114]의 등무늬와 소철 잎 패턴이고, 아키나 문양은 격자무늬 소쿠리처럼 열십자가 교차하는 패턴입니다. 별도로 '아키나바라'라고 부르기도 하는데, 호테이 도모야스의 기타 무늬 느낌이라고 하면 설명이 될지 모르겠네요. 여하튼 오시마쓰무기를 대표하는 두 가지 문양이 다쓰고에 있습니다. 기모노를 좋아하는 아내에게 아마미오시마에 간다고 했더니 정말 부러워하더군요. 고급 오시마쓰무기는 고가여서 합리적 가격의 아키나바라 무늬 손수건을 '이모레 아키나'에서 선물로 샀습니다.

다만 시간이 없어 다나카 잇손(田中一村)의 미술관에 가보지 못한 건 아쉽더군요. 다나카 선생은 생전에 호반새를 그린 화가로 유명한데, 도치기현에서 이주해 오시마쓰무기 공장에서 염색공으로 일했던 이력이 있습니다. 아마미오시마에 갈 일이 생기면 꼭 한번 가보고 싶었는데 이번에는 이룰 수 없었네요. 대신 아쉬운 마음을 달래보고자 호반새가 인쇄된 손수건을 샀습니다. 다나카 잇손의 그림은 아니지만 매우 만족하고 있습니다.

---

113) 大島紬. 아마미오시마의 전통 공예품으로 만들어지는 직물로 손으로 짠 명주실 또는 명주실로 봉제한 기모노.
114) 오키나와를 비롯한 일본 남부 섬에 서식하는 독사.

새 이야기가 나온 김에 한마디 덧붙인다면, 효고현 도요오카의 황새가 날아간 곳 중 하나가 이곳 아키나라고 합니다. 한 마리만 날아왔다고 하는데, 아키나의 논은 생물 다양성 측면에서도 중요해 의류 브랜드 '파타고니아'에서도 지원하고 있습니다.

'사진 마을'을 슬로건으로 내걸고 사진문화로 마을 만들기를 해나가는 홋카이도 히가시카와(東川)도 '지역 PR'을 논할 때 빼놓을 수 없는 곳입니다. 1985년에 사진 마을을 선언하고 딱 40년을 지나고 있는데 새로운 라이프스타일을 제안하고 실천하는 마을로도 유명합니다. 관계인구와 이주자 영입에도 공을 들여 지금은 사진작가뿐 아니라 다양한 목적으로 많은 사람이 이주해 오고 있습니다. 2022년과 2023년에는 마을부흥협력대 수용 인원 전국 1위를 차지하기도 했습니다.

사진 마을이라고 하면 왠지 호감이 가고 분위기도 좋게 느껴지는 것 같습니다. 정말 좋은 마을 브랜딩입니다. 실제로 사진은 삶을 포착하고 예술과 행복도 담아내는 매우 친숙한 기술 중 하나라 젊은이들이 동경하는 마을 만들기와 궁합이 좋은 편이지요. 이처럼 히가시카와는 사진 마을로서 부단한 활동과 노력을 해왔으며 이를 뒷받침하는 행정의 정책도 아름답게 조화를 이루고 있습니다. 한마디로 히가시카와는 'PR 잘하는 마을'로 손색이 없습니다.

또한 사진 말고도 훌륭한 도서관이 있으며 SDGs에 부응하는 활동도 활발하게 펼치고 있습니다. 이처럼 마을이 구상한 기획과 사람이 마치 자석의 S극과 N극처럼 서로 끌리게끔 하는, '자기장 생성 PR'이 지역 안의 다른 요소에까지 영향을 미치고 있습니다. 제 경우에는 히가시카와에 있는 '기타노스마이 설계'라는 가구 회사에 마음을 빼앗겼습니다. 집에 있는 몇몇 가구는 이 회사 제품입니다.

도시와 로컬이 공존하는 시모키타자와

저는 차를 고베에 갖다 놓고 도쿄에서는 차 없이 생활하고 있습니다. 고베에서는 아이와 아내에게 차가 필요한 경우가 많기 때문입니다. 고베에 가면 제가 운전을 하는데 그때마다 듣는 음악이 소가베 게이치의 '서니데이·서비스' 밴드뿐입니다. 소가베라면 7시간이라도 연달아 들을 수 있지만, 아내와 아들은 "또 소가베 축제가 시작됐네." 하면서 어이없어합니다. 물론 제가 없을 때는 다른 음악을 듣겠지요. 소가베 씨를 만난 적은 없지만, 지금까지 좋아하고 있습니다. 최근에는 그가 쓴 『좋은 냄새가 나는 쪽으로』를 읽고 있는데 소가베 씨가 정말 근사한 삶을 살고 있다고 느껴지더군요.

그가 사는 곳은 시모키타자와입니다. 제가 우메가오카에 살

던 시절에 자주 놀러 다녔던 곳이기도 하지요. 최근에는 업무차 방문하는 경우가 많은데 세타가야다이타역에서 시모키타자와역까지 걸으면서 '보너스 트랙'에 들러 보면 그때와 많이 달라졌다는 느낌을 받습니다. 특히 길을 걷다 보면 아시는 분도 많겠지만 '시모키타 원예부'라는 단체의 활동이 돋보입니다. 도시의 녹지를 단순한 녹지가 아니라 생태 순환형 식재로 가꾸고 있는데, 그곳에서 가족 단위로 피크닉을 즐기거나 아이들이 곤충채집을 하는 모습을 볼 수 있습니다.

'시모키타 원예부'의 조경 디자이너 미시마 요시키 씨와 '포시티즈' 어반 익스피리언스 디자이너 이시카와 유카코 씨와 토크 세션을 함께 한 적이 있습니다. 그들의 활동은 어떻게 설명하면 좋을지 모르겠지만, 녹지만 확보하면 그만인 기존의 마을 만들기에서 한 차원 진화한 형태였습니다. 예컨대 녹지를 친구 같은 친숙한 장소로 여기며 녹지의 순환 방식, 즉 흙에서부터 수목의 생존 방식 그리고 거기에 모이는 곤충의 삶까지 존중하는 태도로 모두에게 편안한 마을 만들기를 하고 있었습니다. 그런 움직임이 도쿄 시모키타자와에서 시작된 걸 알고 감동했던 기억이 있습니다.

지역 PR이라고 하면 보통 어떻게 해야 사람의 마음을 끌 수 있을지를 고민하게 되지만, '시모키타 원예부'가 추구하는 PR은 거기서 한발 더 나아갑니다. 사람과 사람뿐 아니라 사람과 녹지의 관계까지 다루는데, 어떤 의미로는 '환세계'[115]에 가까운 PR의 진화형이 아닐까 싶습니다. 쉽게 말해 모든 환경이 좋아지도록 하고 있습니다. 이처럼 '시모키타 원예부'의 마을 만들기는 경관 디자인뿐 아니라 흙의 생태 환경까지 고려하며 원을 그리듯 마을을 활기차게 만들고 있습니다. 정말 창의적이고 근사한 작업인 것 같습니다.

'시모키타 원예부'처럼 직선형 PR에서 나선형 PR로 진화한 활동을 펼친다면 보다 입체적으로 마을에 활기를 불어넣을 수 있으리라 생각합니다. 지역 PR을 고민하는 사람, 특히 지역 활성화 관련 종사자에게 좋은 사례가 되지 않을까 싶습니다. 도쿄라서 가능한 일이라고 생각할 필요는 없습니다. 시모키타자와 역시 하나의 로컬이니까요. 예전부터 있었던 마을에 지역 주민이 모여 어떻게 해야 편안한 동네가 될지, 어떻게 해야 이곳이 즐거운 장소로 남을 수 있을지를 고민한 결과로 탄생한 프로젝트입니다.

'보너스 트랙'에서 시모키타자와역까지 걷다 보면 왠지 도쿄와 녹지를 융합해 로컬과 도시의 장점을 두루 갖춘 느낌을 받습니다. 예전에 소가베 씨가 운영하는 '시티 컨트리 시티'라는 레

---

115) 環世界. 움벨트(Umwelt)를 말한다. 독일의 생물학자 야콥 폰 웍스퀼이 제창한 생물학 개념. 모든 생물은 각각 종 특유의 지각 세계를 가지고 살고 있으며 주체로서 행동하고 있다는 의미.

코드 가게 겸 카페바에서 밤늦도록 술을 마시곤 했었는데, 그 가게 이름을 빌리자면 '시티 로컬 시티' 같은 시모키타자와만의 공간이 펼쳐진다고 할까요.

참고로 '시티 컨트리 시티'는 'War'라는 밴드의 노래에서 따온 이름인데 정말 멋진 곳입니다. 지금은 시모키타자와에 놀러 갈 기회가 많이 줄었지만, 소가베 씨의 책을 읽고 또 시모키타 원예부의 활동을 지켜보면서 지역 PR의 모범이 무엇인지 잘 알 수 있었습니다.

시모키타자와는 그곳에 있는 것만으로도 편안하고 삶의 활력을 주는 마을이라고 생각합니다. 가로수나 녹지를 몇 퍼센트 확보해야 한다는 법규에 따라 시들지 않거나 경년변화가 없는 녹지를 조성하기보다는 녹지를 동등한 생명체로 대하고 부족한 부분은 서로 보완해나가는 식의 경관 만들기는 아마도 '시모키타 원예부'만의 독자적 생각일 것입니다. 녹지와 함께 살아가고 서로 어울려 지내는 일은 마을의 매력을 만드는 중요한 태도일지도 모르겠습니다. 앞서 언급한 가루이자와가 추진하는 퍼블릭 디자인이 시모키타 기준에 도달했다고 보기는 어렵겠지만, 그래도 제가 볼 때는 '시모키타 원예부'가 만들어가는 시모키타자와 경관 디자인과 가루이자와가 녹지를 보존하는 방식은 서로 닮은 듯합니다.

이중거점 사고로 산다는 것

요즘 '이중거점 사고'라는 개념을 알리고 있습니다. 지역을 알리고자 하는 쪽에서는 마을의 인지도를 높여 더 많은 사람이 찾아주길 바랍니다. 그런데 지역을 향하는 사람들의 태도에 변화가 생기고 있습니다. 맛있는 음식을 먹으러 간다거나 추억을 만들러 가는 식의 일회성 여행에서 벗어나 지속할 수 있는 여행의 형태로 바뀌고 있는 것이지요. 그런 상황에서 두 지역 거주에 흥미를 느끼는 사람이 날이 갈수록 늘어나고 있습니다. 뚜렷한 현상으로 나타나고 있는데 두 지역 거주가 더욱 늘어나거나 혹은 두 지역 거주까지는 아니더라도 지역을 생각하는 사람을 늘리려면 '이중거점 사고'가 필요하다고 생각합니다.

이중거점 사고란 간단히 말해 살아가는 데 중점으로 삼는 마을이 있으면서 다른 지역에도 관심을 지니는 걸 말합니다. 예를 들어 도쿄에 살지만, 오카야마현 쓰야마(津山)가 왠지 궁금해지는 경우라고 할 수 있겠지요. 앞서 나만의 대문자 도시를 이야기한 적이 있듯이 쓰야마도 독자적 문화를 지닌 주고쿠 산지를 대표하는 지역입니다. 가보면 재밌는 사람도 많고, 과거 은행이었던 건물을 리모델링한 게스트하우스 'INN-SECT'는 다양한 사람이 머물면서 즐거운 분위기를 자아내고 있습니다.

마찬가지로 지역에 관심이 있지만, 도쿄를 생활 거점으로 삼는 사람이 있다고 가정해 볼까요. 어느 날 주고쿠 산지 리모델링 프로젝트가 있다는 걸 알게 돼 흥미가 생겼고, 마침 쓰야마에 자신이 관여할 기회(관계 여지)[116]나 지인이 있는 경우라면 그 사람을 이중거점 사고로 볼 때 '도쿄와 쓰야마의 관계인구'라고 말할 수 있습니다.

어디까지나 '사고'인 만큼 반드시 그곳에 거주할 필요는 없습니다. 그저 머릿속으로 두 지역을 오가는 삶을 상상하는 사람이라도 늘릴 수 있다면 좋지 않을까 싶습니다. 평소 말버릇처럼 다각적으로 보라는 말을 자주 하는 편인데 다각적 사고를 익히고 싶다면 이중거점 사고를 체득하는 게 도움이 되리라 생각합니다.

정리하자면, 이중거점 사고란 기본적으로 두 지역에 '살아가는 장소'와 '관여하는 장소' 모두를 가진 상황을 말하지만, 거주하진 않더라도 관계 맺는 지역이 있다면 이것 또한 이중거점 사고라고 볼 수 있다는 이야기입니다. 그 밖에 생활 거점은 하나뿐이지만 언젠가는 또 하나의 거점을 갖고 싶다고 생각하는 사람도 이중거점 사고에 해당합니다. 그들은 목표 도달 과정에 있을 뿐 의식은 복수 거점을 향하고 있기 때문이니까요. 요컨대 앞으

116) 원문은 '関わりしろ'. 어떤 일이나 장소에 자신이 관여할 수 있는 여지나 기회가 있는 상황을 의미하는 말. 특히 지역 활성화 차원에서 '관계인구'를 늘리기 위한 키워드로 사용하는 경우가 많다.

로 두 지역 거주의 진입 장벽이 얼마나 낮아질지는 아직 알 수 없습니다. 다만 지역에 관여하는 사람이 늘어나고 지역 범위도 넓어지는 상황으로 미뤄볼 때, 거주하지 않더라도 지역에 관심을 두는 사람을 '이중거점 사고자'로 분류해도 무방할 듯싶습니다.

관계인구 개념이 정착되면서 '유역 관계인구'나 '온라인 관계인구' 등으로 분화하고 '이중거점'이 주목받고 있습니다. 그런데 이중거점에 관심 있는 사람들의 움직임을 뭐라고 표현하면 좋을까요? 또한 이미 이중거점 생활을 하고 있지만 두 지역 거주까지는 아닌 사람은요? 그런 상황에 있는 사람 모두를 '이중거점 사고자'라고 명명해 해상도를 높여주면 그들의 존재가 더욱 명확하게 드러날 것입니다. 다시 말해 "당신의 거점은 어디인가요?"라고 물었을 때 "가나가와현 가와사키에 살지만, 한 달에 한 번은 와카야마현 다나베에서 지내다 옵니다."라는 식으로 말한다면, 이중거점 사고자에 해당한다는 이야기입니다.

특수한 상황이라고 볼 수 있지만, 오래전부터 단신 부임이라는 일하기 방식으로 타지에서 생활해온 아버지들이 많습니다. 단신 부임으로 왔어도 무언가 지역과 관계 맺는 활동을 시작했다면 당연히 이중거점 사고입니다. 만약 아버지 혼자가 아니라 가끔 찾아오는 어머니나 가족이 함께 지역과 관계를 넓힌다면 매우 밀착된 이중거점 사고라고 해야겠지요. 그렇다면 앞으로 단신 부임을 리제너러티브 차원으로 변화시킨다면 우리 사회에 이중거점 사고를 더욱 확산하는 계기로 작용하지 않을까 싶습니다. 단신 부임하는 분들이 워낙 많으니까요.

지역과 관계 맺기는 삶에 활력을 가져다주는 재미있는 일이라고 생각합니다. 하지만 대부분의 사람은 그런 데서 재미를 느끼지 못할뿐더러 "굳이 400km나 떨어진 곳까지 가야 할 이유를 모르겠어." 같은 인식이 뿌리 깊게 남아 있습니다. 이런 상황에서 이중거점 사고를 확산하려면 현실을 고려해 더욱 쉽게 지역의 매력을 전해야 한다고 생각합니다.

가령 부모가 단신 부임으로 지역에 머물고 있다면 여름 휴가 동안만이라도 그곳에서 지내보게끔 하는 겁니다. 그런 일이 당연하게 여겨지는 사회라면, 단신 부임은 이중거점 사고를 촉진하는 양질의 수단이 될 수 있다고 생각합니다. 어딘가에서 행정이 나서주면 좋을 것 같습니다. 단신 부임이라고 하면 주로 후쿠오카나 히로시마 아니면 나고야와 모리오카 같은 현청 소재지가 대표적인데 그런 곳에는 지역색이 짙고 매력 넘치는 마을이 많습니다. 아울러 4,500만 명이나 몰려 있는 도쿄 및 수도권을 비롯해 이른바 블랙홀형 지자체에 사는 사람이 이중거점 사고를 갖게 된다면 세상은 크게 바뀔 것입니다.

그렇다면 앞서 언급했듯이 이중거점 사고의 행선지로 우선은 단신 부임 중인 어머니나 아버지 혹은 시골에 계신 할머니, 할아버지 아니면 고향을 떠난 형제자매나 친구 등 만나야 할 이

유가 있는 사람이 있는 곳을 선택하는 게 어떨까 합니다. 그러고
는 정답을 다 맞히는 순간이 오면 "좋아, 그럼 다음!" 하면서 다
른 지역으로 또 떠나는 겁니다.

1988년 4월 어느 화창한 날. 도쿄 요쓰야의 한 대학 메인 스트리트에 동아리 신입 부원 모집 부스가 늘어서 있었습니다. 저는 '낚시부'를 찾고 있었습니다. 두 번이나 왔다 갔다 했지만 역시 없었습니다. 낙담한 채 "그럼 탐험부라도 가볼까" 하고 발걸음을 옮기려는 순간, "와라! SBPC"라고 쓴 포스터가 눈에 들어왔습니다. SBPC는 '소피아 백패킹 클럽'의 줄임말이고 소피아는 조치대학의 애칭입니다.

태닝한 피부의 한 남자 선배에게 "저기, 여기서 낚시도 할 수 있나요?"라고 묻자 "낚시? 아, 그럼 그럼 할 수 있지!" 하면서 가입을 권유하는 말에 따라 동아리에 들어갔습니다. 바로 그 순간이 '로컬로 가는 길'의 시작이었습니다.

그다음 주에는 동아리 신입생들과 함께 도쿄 진보초에 있는 등산용품 전문점 '사카이야 스포츠'에 갔습니다. 후지고코[117]에 서 있을 신입생 환영 합숙 대비를 위해 등산 장비가 필요했기 때문입니다. 점원과 선배의 조언을 받아 초보자용 등산화를 비롯해 우비를 고른 후 백팩 코너로 향했습니다.

백패킹이란 커다란 배낭에 짐과 식량을 가득 채워 여행하는 행위를 말합니다. 『월든』의 헨리 데이비드 소로나 작가이자 식

---

117) 富士五湖. 야마나시현 쪽 후지산 기슭에 자리한 다섯 개 호수 전부를 일컫는 말.

물학자인 존 뮤어의 환경 사상을 이어받아 1960년대부터 미국에서 유행했는데 일본에는 70년대에 들어왔습니다. 여하튼 '백패킹' 클럽이니 무엇보다 큰 배낭을 사야 했습니다. 그렇지 않으면 스타일이 살지 않을 테니까요.

벽 한가득 걸려 있는 형형색색 배낭에 눈이 어지러웠지만, "세일 가격에서 추가 30% 할인" 스티커가 붙어 있는 배낭에 눈이 갔습니다. 쇼킹 핑크와 페퍼민트 그린의 강렬한 배색에 더구나 65리터! 바로 마음이 끌렸습니다. 알고 보니 프랑스 등산 브랜드 밀레의 구형 모델이었습니다.

그 배낭에 끌렸던 이유는 할인 가격에도 있었지만, 무엇보다 키치한 컬러 배합이었습니다. 만화 『우루세이 야쓰라』[118]에 나오는 핑크와 그린 분위기라 마음에 쏙 들었던 겁니다. 그렇다고 섣불리 '라무'[119]라고 이름을 붙이지는 않았지만요.

그 밀레 배낭이 저의 '온 더 로드' 원점입니다. 침낭과 우비, 텐트, 등산화 그리고 소형 스토브 스베아 123R을 챙겨 넣었습니다. 배낭 옆에는 접이식 낚싯대를 매달고 패널 상부에는 웨이딩 슈즈를 묶고 주머니에는 몇 권의 페이퍼백을 넣고 야간열차에 흔들리며 멀리 떠나곤 했습니다. 왓카나이(稚內)에서 야쿠시마

---

118) 원제는 'うる星やつら' 국내에서는 '시끌별 녀석들'이라는 제목으로 소개됐다.
119) 『우루세이 야쓰라』의 여주인공 이름.

까지 이 배낭만 있으면 어디든 갈 수 있었고, 언제나 마음 편히 잠들 수 있었습니다.

배낭을 메고 가고시마현 이부스키(指宿)시까지 떠난 적이 있습니다. 1990년 3월이었습니다. 이케다 호수에서 며칠간 텐트에서 자면서 낚싯대를 계속 휘둘렀습니다. 노리고 있던 물고기는 무지개송어. 운 좋게도 50센티미터가 넘는 기록적 무지개송어를 손에 넣을 수 있었습니다. 돌아가는 길에 이부스키항 안벽에서 루어를 던지니 이번에는 커다란 쏨뱅이가 잡혔습니다. 두 말하면 잔소리가 되겠지만, 바다가 없는 군마현 출신자에게 두 배의 기쁨을 선사한 사건이었습니다. 이 과정을 처음부터 끝까지 지켜본 동네 할아버지가 "훌륭한 아라카부를 잡았군!" 하면서 규슈에서는 쏨뱅이를 그렇게 부른다고 알려주셨습니다. 할아버지의 탐나는 표정 앞에 가만있을 수 없어 "드릴까요?"라고 물었더니 몹시 기뻐하며 가져가셨습니다. 그런데 왼발이 불편하신지 절뚝이며 가시더군요.

몇 시간 후 항구에 텐트를 치고 있는데 할아버지가 한 여성과 함께 차를 타고 나타나 커다란 비닐봉지에 어묵을 가득 담아 건네주셨습니다. 그 순간 정말 따뜻한 기분을 느꼈습니다.

밤이 깊어질 무렵, 1인용 텐트 앞에 랜턴을 켜놓고 식사를 하고 있는데, 이번에는 다른 지역 번호판의 하얀색 차가 멈춰 서더니 40대쯤 되는 남성 두 분이 내렸습니다. 인사를 건네자 온화한 표정으로 자신들은 여행 중인데 이번에 규슈에 올 수 있어 다행이라고 했습니다. 그러고는 이제 다시 혼슈를 향해 북쪽으로 갈 계획이라고 말하면서 떠났습니다. 멀어지는 차를 향해 손을 흔들며 바라봤던 빨간 후미등 불빛은 지금도 잊히지 않습니다.

지금까지 '온 더 로드'에서 보낸 시간 속에는 이처럼 소소한 순간과 그때 느꼈던 여러 지역의 감각이 떠돌고 있습니다. 그것들이 어떤 계기를 매개로 주크박스 안의 음반처럼 꺼내져 재생되고 있습니다. 바람에 흩날리면서 길 위로 흐르는 음악 같은 게 아닐까 생각하고 있습니다.

첫 번째 책을 내고 어느새 8년이 지났습니다. 그동안 지역의 움직임을 비롯해 우리 사회와 환경은 어떤 변화를 겪어왔을까요. 극적 변화를 이룬 것도 있겠지만 아직 해결하지 못한 과제도 있을 겁니다. 다만 한 가지 분명히 말할 수 있는 건 설령 작은 한 걸음일지라도 미래를 향해 나아가고 있다는 사실입니다. 현상 유지나 과거로의 회귀가 아닌 또 다른 재생을 모색하며 실천하고 있습니다. 그런 노력이 빛이 돼 누군가가 걸어가는 길을 비춰주고 있는 듯합니다. 네. 그렇습니다. 바로 우리의 '온 더 로드'를 말이지요.

『소토코토』에 연재했던 글을 매끄럽게 정리해주신 마쓰이 겐타로 작가에게 많은 신세를 졌습니다. 아울러 편집을 맡아준 우치보리 슌, 디자인의 아리하라 요시오, 진행을 도와준 오다 사토시를 비롯해 소토코토 네트워크 스태프 여러분의 각별한 도움에 감사의 말씀 드립니다.

그리고 이 책에서도 소개했지만, 무엇보다 지역 활성화에 힘을 쏟는 여러분과 항상 응원해주시는 일본 각지의 모든 분께도 진심으로 감사드립니다. 다시 어딘가의 '온 더 로드'에서 함께할 수 있기를 기대합니다.

2024년 가을,
붉게 물든 가즈노하나와역 버스 정류장에서
마코토와 유코 그리고 사쿠에게 감사를 전하며.
사시데 가즈마사

지난 2024년 12월, 이 책의 저자 「소토코토」 사시데 편집장이 SNS에 올린 글 하나가 눈에 들어왔다. 바로 『온 더 로드』의 출간이 임박했다는 내용이었다. 이 책을 읽으면 눈치챌 수 있지만 『온 더 로드』는 사시데 편집장이 '소토코토 온라인'에 연재해온 동명의 에디토리얼 꼭지를 단행본으로 엮은 책이다. 평소 「소토코토」는 물론 '소토코토 온라인'을 즐겨보고 있던 터라 단행본 출간 소식이 여간 반가운 게 아니었다.

바로 에이전시에 연락해 한국어판 출간이 가능한지 문의했다. 꼭 출간하고 싶으니 잘 부탁한다는 말도 덧붙여서. 바로 답이 돌아왔다. 이 책은 이미 자신들의 추천 도서 목록에 있는 책이니 기다려보란다. 일단은 굿 뉴스. 모든 책이 마찬가지이겠지만, 특히 외서의 경우는 판권 계약부터 출간까지 다소 복잡한 구석이 있다. 판권이 살아 있더라도 한국에 이미 정해진 에이전시나 출판사가 따로 있기도 하고, 판권 경쟁이 치열하거나 아니면 현지에서 거절하는 일이 종종 있으니까.

그런데 며칠 후 재밌는 일이 벌어졌다. 사시데 편집장의 SNS에 아직 서점에도 깔리지 않은 책인데 벌써 한국에서 출간하고 싶다는 연락을 받아 기쁘다는 글이 올라온 것이다. 에이전시로부터 공식적 답변을 받기도 전의 일이지만 그때 직감했다. 이 책 잘하면 낼 수 있겠다고. 그리고 지금 이렇게 역자 후기를 덧붙이고 있다.

이 책의 원제는 '온 더 로드 이중거점 사고'로 다소 긴 편이다. 책에서도 언급했듯이 실제로 저자는 도쿄와 고베에 거점을 두고 간토와 간사이를 오가는 이중거점 생활을 하고 있다. 우연이겠지만 저자가 '온 더 로드'를 연재하고 있을 당시 나 또한 서울과 밀양을 오가는 이중거점 생활을 하고 있었다. 심지어 밀양 온라인 관계 안내소 '체크인 밀양' 프로젝트에 관여하고 있었으니 무엇보다 동질감이라고 해야 할지 아니면 평행 우주랄지 여하튼 묘한 관계성을 느껴 고된 번역 작업을 매우 즐겁게 마무리할 수 있었다.

현재 일본이나 한국이나 최대의 국가 과제는 이른바 인구 감소에 따른 지역 쇠락 현상 해소가 아닐까 싶다. 하지만 현상이 비슷하다고 반드시 원인까지 같은 건 아니다. 그런데도 지금까지 한국은 그런 측면을 외면한 채 일본 정부의 관련 정책이나 지자체의 성공 사례의 표피만 참고해온 경향이 있다. 물론 공통의 원인도 있다. 한국의 경우가 훨씬 심각하지만, 저출생에 따른 인구 감소와 청년층의 수도권 집중 현상이 대표적이다. 이런 상황이 계속된다면 도시에 몰린 청년은 더욱 가혹한 경쟁 환경에 내몰리게 되고, 출생률 회복은 더딜 수밖에 없다. 다시 말해 사회 환경이나 구조의 뒤틀림에 인구 감소의 근본 원인이 있고 그것을 해결하지 않고서는 인구 감소 현상은 앞으로도 계속되리라 생각한다. 하지만 신자유주의가 지배하는 자본주의는 근본 원인 해결에는 관심이 없어 보인다. 저성장 시대가 도래했는데도 오로지 성장만을 외치는 모습이 안타까울 뿐이다.

한편, 일본에서는 안타까운 사건이 일어나 일본 사회를 흔들었던 일이 있다. 바로 2011년에 발생한 3·11 동일본대지진이다. 한 번도 측정해본 적이 없는 규모의 쓰나미가 덮쳐 도시가 사라지고, 원자력 발전소가 폭발하는 미증유의 사고가 일어난 것이다. 패전 후 70년 넘게 일본 사회를 떠받치고 있던 이른바 '평화와 번영' 체제가 쓰나미와 함께 사라지면서 일본 사회는 커다란 충격에 빠졌다.

문제는 일본 정부의 대응이었다. 언론과 학계를 총동원해 진실을 감추는 데만 급급했던 것이다. 이런 일본 정부의 기만적 대처를 목격한 우치다 타츠루 선생은 『로컬로 턴』에서 일본의 민낯이 드러난 사건이라고 말했다. 아울러 일본 정부는 우리를 지켜주지 못한다는 사실을 자각한 일련의 청년 그룹이 도쿄를 떠나 고향으로 돌아가거나 아니면 다른 지역으로 이주하는 흐름이 형성되기 시작했다고 분석한다.

그런데 흥미롭게도 이 책에서 저자는 청년이 지역과 관계 맺기를 시작한 계기를 이보다 빠른 2004년 니가타현에서 발생한 주에쓰 지진이라고 말한다. 여기서 한 가지 새롭게 알게 됐다. 일본의 '고향납세' 기부금이 급증한 시기가 바로 2011년 동일본대지진이 발생한 무렵이라 단순히 일본인의 지역을 응원하는 마음이 대단하다고 여기기만 했었는데, 알고 보니 주에쓰 지진 때처럼 지역을 응원했던 경험이 쌓인 자연스러운 결과인 것이다. 요컨대 일본에서 지역 이주 현상이나 관계인구 확산을 이끈 초기 동력은 역설적이지만 재난에서 찾을 수 있다는 이야기이다.

그렇다면 한국은 어떨까. 일본처럼 대규모의 자연재해가 없는데도 지역을 찾는 청년이 늘고 있는 이유는 아마도 '재난' 같은 현실에 있지 않을까 생각한다(물론 최근에는 기후위기에 따른 자연재해가 늘고 있지만). 이른바 헬조선이라고 불릴 정도로 살아가기 힘든 사회 구조가 청년에게는 생존을 위협하는 재난처럼 작용한 게 아닐까 싶다. 결과적으로 청년들은 '재난'을 피해 탈도시를 선언하고, 지역을 새로운 삶의 대안으로 발견한 일이 현재의 로컬 현상 출발점이라고 생각한다.

또 하나 지역 이주에 스위치를 켠 사건으로 코로나19 사태를 들 수 있다. 절대로 다시 겪어서는 안 될 일이지만, 코로나 시기에 원격근무나 워케이션이라는 새로운 일하기 방식을 접하면서 자연스럽게 지역을 재발견하게 된 것이다. 실제로 그 무렵부터 이른바 청년마을 사업이나 로컬 크리에이터 청년을 양성하는 사업이 본격화하기도 했다. 그러한 흐름의 연장선에 '고향사랑기부제'라든가 한국판 관계인구라고 할 수 있는 '생활인구'

정책이 포함된다고 볼 수 있다. 덧붙이자면 기회가 있을 때마다 반복하는 이야기이지만, 로컬은 새로운 무대라기보다는 일상의 삶을 복원하기 위한 삶의 태도라는 데 방점이 있다고 생각한다. 이 책에서 말하는 '리제너러티브' 개념도 이와 맞닿아 있다고 여겨진다.

인구가 줄어든다는 건 앞으로 경쟁보다는 협력의 시대가 된다는 의미이기도 하다. 그런 점을 간과한다면 로컬은 또 다른 경쟁의 경연장이나 성장의 신동력으로 소비된 후 버려질지도 모른다. 따라서 관계인구나 이중거점 생활은 지역과 사람을 잇고, 사람과 사람을 연결하는 데 가치가 있다는 사실을 염두에 두어야 한다. 그것이 바로 이 책에서 말하는 '이중거점 사고'의 핵심이다. 그렇다고 지역과 관계 맺기를 어렵게 생각할 필요는 없다. 책에서도 강조하고 있듯이 관계인구는 이중거점 생활이 아니어도 이중거점 '사고'만으로도 충분하다. 그런 측면에서 볼 때 저자는 관계 맺는 '속도'보다는 '방향'이 중요하다고 말하는 듯하다. 즉 지역 활성화 관련해 정책을 펼칠 때 빠른 성과를 바라서는 안 된다는 의미로도 연결된다. 결국 진정한 성과는 관계 맺기에서 나올 수밖에 없는데, 빨리빨리 한다고 관계 형성이 되는 게 아니지 않은가. 물론 정책 입안자나 관련한 사람 모두 이 사실을 모를 리 없다고 생각한다. 그렇다면 더욱 간단하다. 바꾸면 된다. 지금 당장.

끝으로 「소토코토」 이야기를 조금 해본다면, '소토코토'는 일본어가 아니라 '나무 아래'라는 의미의 아프리카 반투족 말이다. 반투족 사람들이 나무 아래 그늘에 모여 서로의 안부를 확인하거나 정보를 나누고 마을의 미래를 논의하듯이 '소토코토'가 그런 역할을 하겠다는 의지를 담은 이름이다. 이 책에서 언급한 지역의 '베이스 캠프' 하고도 비슷하고 관계 안내소에도 연결되는 좋은 이름이라고 생각한다. 재밌는 건 소토코토 측에서 의도했는지는 모르겠지만, 일본어로 읽어도 말이 된다는 점이다. 즉 일본어로 '소토'는 밖(온더로드=세상) '코토'는 일(사건)로도 해석할 수 있다. 따라서 내 맘대로 해석하자면, '소토코토'는 '온 더 로드'에서 일어나는 일이라는 의미가 된다. 나아가 이 책이 전하는 '세상의 일'이란 결국 관계인구와 이중거점 사고라고 볼 수 있다. 덧붙여 이 책을 읽는 여러분과 언젠가 '길 위에서' 만나 저자가 극찬한 라멘집 기행을 떠날 수 있기를 기대해본다. (웃음)

2025년 9월,
무더운 여름의 끝자락에.
박우현

310

온 더 로드 : 사람과 지역을 잇는 이중거점 사고

1판 1쇄 발행일 2025년 10월 1일
지은이 | 사시데 가즈마사
옮긴이 | 박우현
펴낸이 | 김문영
펴낸곳 | 이숲
등록 | 2008년 3월 28일 제 2020-000067호
주소 | 경기도 파주시 산남로107번길 86-17
전화 | 031-947-5580
팩스 | 02-6442-5581
홈페이지 | www.esoope.com
페이스북 | www.facebook.com/EsoopPublishing
인스타그램 | @esoop_publishing
Email | esoope@naver.com
ISBN | 979-11-91131-92-5 03330
© 이숲, 2025, printed in Korea.